本を読んだら、自分を読め

年間1,000,000ページを
血肉にする“読自”の技術

Dan Kogai
小飼 弾

朝日新聞出版

はじめに

あなたは、こんな経験はないでしょうか。

仕事や人間関係、金銭、健康などについて悩み苦しんでいるとき、ふと立ち寄った書店で、１冊の本を手に取る。「もしかしたらこの本の中には、自分の悩みを解決してくれる言葉があるかもしれない」という気がしたからです。

藁《わら》にもすがるような思いで買い求め、家に帰って貪るように読んでいく。そして、著者の言葉で傷口に薬を塗ってもらったような安堵感を覚え、「よし、この言葉を胸に刻んで生きていこう」と決意する。

しかし、しばらくするとそのときの感動は薄れていきます。やがて同じような悩みを抱え、書店で再び同じような本を買ってしまう……。

こんなスパイラルは、多くの人が体験していることでしょう。

残念ながら本を読むだけで自分を変えられたり、ましてや永久に悩まなくなったりすることは、ありません。

なぜなら、「本」は、決して人を助けてはくれないからです。


この本は世にいう、自己啓発本の類いではありません。

もし、この本を読むことで、速読や多読などを身につけて、スキルアップに役立てたり、ビジネスに活かしたりしようと思った方は、どうぞそのまま本書を書店の棚に戻してくださってかまいません。もちろん、本書には「読書術」的な要素もありますが、それは本質ではありません。

若者をはじめ現代を生きる多くの人が、大変な状況にいるといわれています。まともな就職先がない、お金がない、そして何よりも希望がない。

「やりたいことが見つからない」、「今いる環境に納得ができない」、「すぐ絶望してしまう」。こんなふうに、今もがいている人に声を大にして伝えたいことがあります。


本は、きみを救ってはくれない。けれども、本を読むことで、自分を救える自分にな

れる。

僕自身の半生を振り返ると、本を読むことで助かった部分が大いにありました。

僕は中学生から登校拒否をし、家庭内暴力を日常的に受け、そして自宅が全焼なんてことも経験してきました。見る人によっては僕のこうした人生は過酷であり、波瀾万丈に見えるかもしれません。

けれども僕はまわりの人が驚くほど、淡々とこうした現実を受け止め、特に落ち込むこともなく、自分自身の道を着々と突き詰めてきました。そして今、実業家として、プログラマーとして、書評家として自分が思い描いていた人生を送ることができています。

そんな自分自身に大きく影響を与えたのは、まぎれもなく1冊1冊との本との出会いでした。

ただその一方で、不思議と本に助けられてきた、という気もしないのです。

なぜなら、今の自分を形づくったのは、親でもない、仕事でもない、そして本でもない、僕自身です。僕は、1つのツールとして本を読むことで、そんな〝自分を救える自分〟になることができたのです。

自分で自分を救うしくみとは、**立ち直る力**といい換えてもいいかもしれません。嫌なことがあったとき、自分の力ではどうしようもない不運に見舞われたとき、1度は何もかも嫌になってやる気を失ってしまうこともあるでしょう。しかし、こうしたときに必要なのは、しばらくしたら前を向いて、再スタートを切ってみようかな、と思える自分でいる力です。

この力がない人は、たとえどんなに金持ちの家に生まれようが、容姿や健康や明晰な頭脳を持っていようが、あまりいい人生を送ることはできません。なぜなら誰の人生にも、辛いことや苦しいことが避けようもなく存在するからです。そのとき立ち直る力が一切なければ、自暴自棄になって身を持ち崩してしまうでしょう。

でも立ち直る力があれば、たとえ逆境にあっても何度でもやり直せる。しまいには生まれつき恵まれた人より、高いところまで行けるかもしれない。

自分以外に自分を救う力がないのは、なにも本でなくても同じです。悩んでいるとき、壁にぶつかっているとき、どんなにまわりの人にすがっても、慰めてくれる人はいるでしょうが、相手が代わってくれるわけではない。

結局そこから這い上がるのは、自分自身の力でしかないのです。

本を通して自分で自分を救うしくみがつくれれば、人生をかなり楽に生きていけるでしょう。本書では、読書を通じてこのしくみのつくり方を伝授していきますが、本書を手に取られた方の中には、サブタイトルの〝読自〟という言葉に注目された方もいるのではないでしょうか。実は、この言葉には2つの思いが込められています。

① 自分を読む。すなわち、本を通して、今まで気づかなかった自分の可能性（あるいは限界）を発見し、突破していく鍵を得ること。

② そして、その方法は、きみ自身が見つけ出す、〝独自〟のものでなければならない。

この「読自の技術」を身につける前と後では、本との付き合い方が180度変わっていることでしょう。そしてネガティブな気持ちで本屋に向かうことが少なくなり、本屋に行くことが楽しくて楽しくて仕方なくなる。本屋を歩くと本棚の1架1架が輝いて見えるようになるはずです。

そして今回は、全国の名うての書店員さん10人に、彼らの背中を押した〝読自の技術〟を披露してもらっています。いつも僕のブログを楽しんでくれている人も、（もちろんそうでない人も）より幅広く、より個性的な本の魅力に気づいてもらえることでしょう。

こうした本との付き合い方を知っていくことによって、あなたは自然と「自分を救える自分」になっていきます。

大丈夫、難しいことは何1つありません。

僕の今までの本を読んでくださった方も、初めて手に取るという方も、少しでも実りのある1冊になることを願ってやみません。

CONTENTS

CHAPTER 1

だから、僕は本で強くなれた

CHAPTER 2

本の読み方を変えれば、自分が変わる

CHAPTER
3

本屋を歩けば、見える世界が変わる

CHAPTER 4

アウトプットすれば知恵はもっと身につく

CHAPTER
5

本当の教養は人生を豊かにする

装丁　小口翔平＋西垂水敦（tobufune）

CHAPTER 1

だから、僕は本で強くなれた

自分を救うしくみはこうつくれ

経営コンサルタントで知られる大前研一さんに、こんな言葉があります。

「自分を変えるには3つしかやり方がない。1つは**場所を変える**。2つめは**時間の使い方を変える**。そして**誰と付き合うかを変える**」（『時間とムダの科学』プレジデント社）

確かに、今いる場所を変えれば、自分も変わらざるを得ません。たとえば今までレベルの低い会社にいれば何もしなくてもトップでいられたとしても、エリート集団の中に放り込まれれば否応なしに努力せざるを得なくなる。

また、時間の使い方を変えれば、人間は変わります。今まで毎日1時間しか勉強しなかったのを2時間にすれば、倍賢くなるかもしれませんし、あるいは仕事で忙しい中でも1時間捻出して、運動するようになれば、健康になるでしょう。

逆に「これから毎朝、好きな時間に寝て好きな時間に起きる」と決めて実行したら、自堕落になるに決まっています。時間の使い方を変えれば、自分が変わるというのは真理です。

3つめの「誰と付き合うかを変える」ということも、自分を変えるためには有効です。人間はまわりにいる人の影響を受ける動物です。素晴らしい人と付き合えば「自分も負けてはいられない」と思って奮起するでしょうし、逆に「何事もほどほどでいいじゃん」という人ばかりだったら、努力するのもバカバカしくなってくるでしょう。

実は本を読むということは、この3つのすべてに該当する行為です。

まず本を読むということは、その本の著者と会話するということ、つまり付き合うということです。人間は読んでいる本の影響を受けやすいもの。どんな本を読むかは、まさに付き合う相手を選ぶのと同じなのです。

したがって付き合う人を変えたければ、読む本を変えればいい。すでにある程度たくさん本を読んでいる人であれば、まったく読んだことのない、別系統のジャンルを読んでみるのも1つの手です。

次に、場所を変えることは現実には非常に大変ですが、本なら実に手軽にできます。なぜなら、本を読めば、たとえ自分の体は同じ場所にいても、すでに頭の中は違う場所へ旅立っているからです。

そして、時間の使い方を変えるには、やはり読書がいちばん。おそらくテレビを消して本を読むようになるだけで、相当な変化が起こります。

よく「本を読んでいる時間なんてない」という人がいるでしょう。こういう人に限って、たいてい毎日3時間以上テレビを見ています。

僕がテレビを見るのは1週間にいっぺん、あるいは1カ月にいっぺんくらいの頻度です。しかも見ているのは、ドキュメンタリーのチャンネルばかり。最後に地上波を見たのがいつだったか思い出せません。

あるいはインターネットで意味のない情報を延々と読み続けたり、SNSで〝つながったり〟する時間を読書に当てれば、確実に2、3時間は有効に使えます。テレビやムダなネットをするのをやめるだけで、相当本が読めるようになっていくのです。

さあ、今日からページをめくり、手っ取り早く新しい自分になっていきましょう。

付き合う人を変えるように、読む本も変える

人は保守的です。読書ですら保守的です。あまり自分の世界を壊したくない。したがって自分が読む本は、同じような系統のものが多くなるかと思います。しかし、ときには付き合う人、つまり読む本を変えることは非常に重要です。

どうやってその枠を壊してもっと広い世界を見るのかといえば、それは、好き嫌いをしないのがいちばんいい。

本に関しては、できるだけ多く浮気をしてみてください。ビジネスの本ばかり読んでいる人であれば、歴史の本を読んでみるとか、文学ばかり読んでいる人は、数学の本を読んでみるとか。

たとえば好きな著者がいたとして、その人の本を集中的に読むのは別に悪いことでは

ないのですが、同じ著者だけ読んでいると、本を読んでいるつもりがいつの間にか**「本に読まれている」**状態になります。著者の主観に染まってしまうのです。

実はこれは非常に危険なことです。「自分で自分を救うしくみ」とは、自分の頭で考えることのできる思考力を養うことでもあるのですが、これではいくら本を読んでも、何も考えることができません。

でも自分では意外とそのことに気がつきません。さまざまな本を乱読した結果として1人の著者に強く惹かれ、その欠点も十分承知した上で深く付き合うというのならまだいい。でも、まだ読書の経験が浅い人が、最初に読んだ本の著者に感化され、他は一切読む気がしなくなるというのは非常にまずいことです。**同じ著者の本が本棚の三割を占めていたら危険**だと思っていいでしょう。

たとえば、「私は経済学の本ばかり読んでいます」という読者に会ったことがあります。こういう読書をしていると、ふつうなら1つのものの見方に縛られてしまいます。

ただこの場合、幸か不幸か経済学者ほど言行不一致な人々もいません。誰の意見が正しいのかがわからない。こんなことは他の学問ではあまりないことです。だから著者さえ1人に絞らなければ、比較的広い意見が入ってきます。

しかし、物理学など他のジャンルであればこうもいきません。違う学者に訊ねても同じ答えが返ってきて、誰が実験してみても答えが一致することが多いからです。ですから、こうしたジャンルの本はどうしても内容が似たものになりがちなのです（「相対論は間違い」と書いてある本があったとしても100％偽科学です）。

どうせ読書をするならば、同じジャンルの本ばかり読むのはもったいないですし、それに1つのジャンル、1つの著者ばかり読み続けるのはかえって有害ですらあります。

本棚全部が自己啓発本で埋まっているような人は、本棚の中身を丸ごと古本屋に売り払って、思い切って1年間読書をやめるぐらいの荒療治をしてもいいかもしれません。

大事なのは、「本に読まれない」こと。のちほど詳述しますが、読書で大事なのは批判しながら読むことです。それが著者と会話するということです。

どういうわけか、読書は受け身の行為だと誤解している人が多いのですが、自分で自分を救うしくみを構築するには、**自分が主体であるという強い意識が不可欠**だと覚えておいてください。

僕の先生は、本で十分だった

僕の人生の9割は本によってつくられてきた、といったら驚くでしょうか。しかしこれは決して過言ではありません。

というのも、僕はろくに中学校にも通っていないし、家族にも問題がありました。僕はその点、少々ハンディがあったわけです。しかしまるでそれを補うかのように、本を読む、それも人一倍の分量をすごい速度で読む習慣だけは早くから身についていたのです。

僕は中学の2年生くらいからあまり学校に行かなくなり、高校にも行きませんでした。学校に行かなくなったのは、「行ってもしかたがない」ということがわかったからです。いわゆる「登校拒否」というやつです。

地理の授業のときでした。先生が「なぜ海流があるのか」という質問をしました。僕は当時から、自然科学系の本を読みあさっていましたから、「太陽があって、地球が自転と公転をしているから」と地学的な答えをしました。

ところが、教師は「風が吹いているからだろう」というもっと表層的な理由で僕の答えを誤りだと決めつけたのです。

「でもその風が吹いている理由は、当然、温度差に由来して……」

僕が反論を続けようとすると、それが社会科の教師には授業妨害と取られたようで、

「廊下に立っていろ」といわれました。

「なぜより本質的で正しい答えをいったのに、怒られなければいけないんだろう」

納得がいかなかった僕は大人しく廊下に立ったりなどせず、教室を出るとそのまま家に帰ってしまいました。

この日以外にも似たようなことが続きました。つまり僕が、より本質的ではあるけれど、教科書に載っていない答えをいうと、多くの教師が嫌な顔をするのです。

「こうなったら僕はもう他の教科でも、出席していないほうがいいだろう」と考えて、

「しばらく学校へは行かない」と一筆書き、親にも判子を押してもらって届け出を出しました。

こうして**僕は、自身の力で学びの場をつくることに決めたのです。**

こういうわけで立派な登校拒否になったわけですが、あまり落ち込んだりはしませんでした。

僕の先生は、本で十分だったのです。

先にも述べたように、通学をやめたのは中学2年生ぐらいのときですが、その後も試験だけは受けに行った記憶があります。僕は問題を読めば答えがすぐわかったし、試験の点数はいつも1番か2番でした。

僕の頭がいいから勉強しなくてもいい点がとれた、というわけではありません。

僕は学校の授業を受けなくなった代わりに、図書館で百科事典などを貪り読んでいたからです。こちらのほうが勉強にムダがありませんでした。

それに引きかえ、学校の教え方は、効率が悪い。たくさんの生徒に一度に教えるのですから、どうしたって最大公約数的な教え方しかできません。できない子のレベルに合わせて、その子が理解するまで他の人が待たされたりする。家庭教師のように1対1で教わっているのではありませんから、それは仕方がありません。

それに比べ、僕のほうは、読書を通して自分で学ぶという、僕にいちばん合ったやり方を制限されずに使うことができたのです。

こういうと「そんなのは小飼さんだからできることで、凡人には無理です」といわれます。

しかし本当は**凡人こそ、世間一般のやり方でなく、自分にいちばん合ったやり方で物事を進めるべき**なのです。世の中で定まったやり方や考え方は、どうしても自分にいちばん合ったやり方とはズレが出てきます。勉強ができない子ほど、自分専用の勉強法で勉強したほうがいいですし、仕事がうまくいかないなら、自分専用のうまくいくやり方を1日も早く発見することです。

会社にいてはそんな勝手なやり方は許されないというのなら、会社に属さずに食べていけるだけの何かを身につければいい。そのために、本を読む習慣を身につけるのは、人生を圧倒的に有利なものにさせるのです。

陽気な現実逃避のススメ

中学に行かなくなった僕は堂々と世の中から逃げていました。

逃げ場所は、本の中。そして僕の「逃走」は、少年期の家庭内でも起こっていました。

僕の父は怒りっぽい性格で、すぐ子どもに手を上げる人でした。自分が帰ってきたのに夕食がすぐ出て来ない、というような単純なことでみるみる不機嫌になり、そうなると些細なことで子どもを殴ります。

学校に行かなければトラブルは起きないように、父と会わなければ殴られることもありません。したがって、基本的に父が家にいる週末は、あまり家にいないようにしていました。

しかしまだ中学生ですから、お金もないし、無料で時間をつぶせるところなどほとんどありません。そうなると唯一選択肢として残るのが、公立の図書館です。図書館が開いているときは朝から晩まで図書館にいて、なるべく父との接触を避けていました。

こういうと、「かわいそう」と思われるかもしれません。学校には行かないし、家にもいられなくて図書館に駆け込んでいるのですから。しかし自分ではその境遇に対して、劣等感のようなものはあまり感じませんでした。

いわばこれは**「陽気な逃走」**だったからです。僕は僕自身で学校や家にいないことを選んだのですし、それに**図書館は僕にとって最高の遊園地**でした。

図書館では、閲覧室や書架の間に置いてある椅子に座って自由に本を読めるだけではなく、どっさり借りることもできます。まったくお金はかかりません。こんな幸せなところはありません。

僕が通っていた図書館では1度に借りられる冊数が多く、確か1人10冊まででした。ところが僕の場合、とてもそんなものでは足りません。一家全員の名義を借りるだけでは足らず、他の人の名義も借りて、いつも1度に70〜80冊くらい借りていました。ふつうのカバンなんかではとても入りきらないので、段ボール箱を持っていって、それに入れて帰るのです。これほど大量に借りる人も珍しいので、図書館では名物だったようです。

だから自分で自分を救うしくみの第1ステップとしては、**嫌な状況からは、堂々と「逃げること」**。そして、**図書館や本屋を大いに避難所として活用すること**。

こういうと「嫌なことから逃げても問題は解決しない」という声が聞こえてきそうです。

たしかに、戦う力があるのなら、戦ったほうがいいに決まっている。でもたとえば、中学生の僕が学校や教育制度とまともに戦ったところで、勝ち目はない。父親の問題にしても、中学生で親に養われている以上、どうしようもない。

人生には、自分の力ではどうにもならないことがたくさんあります。そんなとき、どうにかしようと思っても、ダメなことがほとんどです。

だから「ああもうコレはお手上げ」という状態になったら、本屋でも図書館にでも駆け込んで、好きな書物をたっぷりと読めばいい。そうやって時が過ぎるのを待てば、状況は必ず変化します。

ビジネス書ばかり読むのは寂しい

最近はあまり本が売れないといわれていますが、その中では比較的よく売れているのがビジネス書です。一時期のブームは去ったといわれていますが、たとえ一流企業に勤めていても安泰とはいい切れなくなった現在、ビジネス書を読んで勉強しなければ生き残れないということで、堅調な売り上げを保っているようです。

このようなビジネスマンは、本を読むという点では実によく本を読みます。それこそ、年に50万円から100万円くらい本につぎ込む人も珍しくありません。

しかしこういう人たちが、ビジネス書以外の本を読むかというと、あまり読まない人が多いのが残念です。仕事が忙しいというのがいちばんの理由でしょうが、話を聞くと「小説などのフィクションを読んでもそのまま自分の利益にならないから」という理由で、他の本を一切読まない人が多いようです。

これは貧しい。何が貧しいといって、**何が自分の利益になるのかということを、自分は全部知ったつもりでいるというのが貧しい。**

「この世にお金で買えないものはあるか」という議論があります。その論点に立って考えると、物語とは、まさにお金で買えないものです。誰かの手によって書かれて売りに出て、初めてその物語は買えるものになります。

逆にいえば、本来であれば価値がつけられないものである物語を、お金を出すくらいのことで手に入れられるというのは、とんでもない僥倖《ぎょうこう》だともいえます。

読み慣れたジャンルの本しか読まず、知らない世界をシャットアウトするという読書なら、しないほうがいいくらいです。

「社会人になってからはビジネス書しか買っていないなあ」という人は、ぜひ小説にも挑戦してみましょう。そして、本を読む楽しさを体感してみてください。

慣れないうちはどれを選んだらいいかわからないと思います。

物語は前もって内容を確認してから読むことができません。これが自分に合うのか、合わないのか。面白いのか、面白くないのか。

その意味では、シリーズものの長い話に入りたいと思ったら、1冊目はとても大事です。最初の段階で「この物語は俺に合っていないな」と思ったら、もうそれは捨ててしまってかまいません。その次から急に面白くなるなどということは、まずないと断言します。

第1章くらいの段階で捨てるのは早いでしょうが、1冊読んでみて、特にライトノベルなどでは、「もうこの物語世界についていけないな」と思ったら、もうそれはポイしてもかまいません。漫画も同様です。

物語を選ぶときに大事なのは、好みと直感です。

実用書を選ぶときよりも、自分の好みを大事にして選んでいい。というより、「たかが絵空事になぜ自分を合わせなければいけないのか」というくらい自分の好みがすべてです。どんなにアマゾンのレビューで絶賛されていて、星が5つついていようが、映画化されていようが、関係ありません。

SFの世界を丸かじり

少年時代に読んだ本で好きだったのは、フィクションではSFです。著者名でいうと、星新一《ほししんいち》、小松左京《こまつさきょう》、筒井康隆《つついやすたか》。「ショートショート」と称した都会的でオチの効いた短編小説を得意とする星新一。『復活の日』(ハルキ文庫)、『日本沈没』(光文社文庫)など骨格の大きな物語を描いた小松左京。どれが代表作といえないくらい名作揃いで、次々と実験的な作品を発表する筒井康隆。

登校拒否になる前、僕は授業中に筒井康隆を堂々と読んでいたものです。だからかもしれませんが、星、小松はともかくとして、国語の教師が筒井の作品を大嫌いだったことを覚えています。

特に80年代当時の筒井はタブーに挑戦することを面白がっているところがあり、その作風はもう〝エロエログロ〟でしたから、国語教師に嫌われるのも無理もないかもしれません。しかし実は筒井康隆はSF作家として発想が優れているだけでなく、非常な名文家です。日本語の宝です。筒井康隆のない日本語がどれだけ貧相になるか計り知れません。

小松左京は出ている作品を片っ端から読みましたが、特に人類滅亡の危機を描いた『復活の日』は素晴らしかったものです。１９８０年に草刈正雄《くさかりまさお》主演で映画化され、テレビコマーシャルで大々的に宣伝され、大ブームになりました。

そして日本のSF作家といえば、忘れてはいけないのが**神林長平《かんばやしちょうへい》**です。星、小松はすでに亡くなっていますし、筒井康隆を別格とすれば、今、日本の現役SF作家の中では頂点に君臨する存在です。

彼の作品を読むたびに、**「ああ、俺はこの国に生まれて、日本語が読めてよかった」**と思うほど。彼はある意味、読者をすごく突き離した作品を書きますが、そのせいか、かえってコアな読者を確保しています。

機械と人間の複雑な関係性を描いた代表作『戦闘妖精・雪風』（ハヤカワ文庫）は、彼の作品の中でも比較的わかりやすく、ぜひ読んでほしいものです。

僕が中学生ぐらいのときに読んだものをすすめるとしたら、筒井、小松はどれを読んでもまずハズレがありません。

あまり腐らないといういい方も変ですが、たとえば星新一作品などは、今、僕の娘も好んで読んでいます。彼の作品には、時代を超えた普遍性がある。また星新一はあえて古くならないように執筆当時の現代風俗に関する描写を避けたのだと、ご本人から聞いたことがあります。

逆に小松は、『復活の日』が米ソの冷戦をベースにしているように、かなり時代を背負っています。

ＳＦというと、中にはアレルギーを持った人も多いと聞きますが、食わず嫌いではあまりにも、もったいない。

ＳＦとは「サイエンス・フィクション」の略であって、ある程度、理化学的に正確な知識に基づいて書かれています。その上で想像力を働かせて現実ではありえないような物語をつくるわけですから、面白くないわけがないのです。

自分の世界を構築する力をつける

現実から目を背けたいとき、本は、一時の現実逃避になります。現実逃避というと、ネガティブなように聞こえてしまうかもしれませんが、現実逃避をしようにも、想像力のない人はうまくいきません。その**逃避先の現実を妄想できる能力が必要**になります。特に字で書かれた物語をいきなり読んで、はじめからその物語の世界を頭の中に構築できる人はいないと思います。

慣れないうちは、まず漫画からはじめればいい。そのうち「漫画よりも文字だけのほうが、情報が制限されている分、頭の中に世界を描きやすい」ということに気がつくでしょう。そうしたらその本に従って、頭の中に自分が描いた物語世界の中に没頭すればいい。

よくできた物語は、世界の整合性に関して周到な配慮をしています。

たとえばいくらファンタジーでも、同じ物語の中では、同じ物理法則が通じているはずです。それなのに同じ物語の中で、ここでは法則Aが成り立っているのに、別のところでは法則Aが成り立たないとなれば、物語をぶち壊しにしてしまう。しかし、しっかりと配慮された物語に没入していくうちに、自分で世界を構築することができるようになります。

この能力はどんなところに持っていっても役に立ちます。ビジネスパーソンだったら、複雑な要素が絡む仕事を片付ける力にもなるでしょうし、そのうちすごい人になると、自分で物語をつくってしまうでしょう。そうなったら作家デビューできます。

人はいくつもの世界を持てるものです。**自分の目の前にある学校や会社や家庭だけが、自分の世界だと思っていたら大間違い**です。人はいくつでも好きなだけ、世界を持っていいのです。

自分の世界を自分で構築できるということは、**人生も構築できる力がつくということ。**

それこそが「自分で自分を救うしくみ」なのです。

百科事典は眺めているだけで役に立つ

僕が10代のころ読んでいたものを若い読者にお薦めするとすれば、フィクションの分野ではSFの名作の数々がありますが、ノンフィクションのジャンルでは、なんといっても**百科事典**です。

すでに述べたように、僕は学校に行かなくなった代わりに、図書館で百科事典を読み込んでいました。百科事典のように、知識が整然と整理されているものを読むのはたまらなく面白い。今でも百科事典が大好きで、インターネット上の百科事典であるウィキペディアを眺めているだけで、1週間ぐらい過ごせます。

ご存じの通り、ウィキペディアの特徴は誰でも加筆できることですが、数学やコンピュータ関連など僕がよく知っている分野に関する項目は、つい「これ、間違ってるぞ」

と思うと直しを書き込んでしまいます。すると他の人がさらに元に戻したりして、「編集合戦」になるのも日常茶飯事です。

百科事典を「読み物」だと思っている人は少ないかもしれません。調べたいことがあるから手に取り、必要な項目だけに目を通すという使い方が一般的でしょう。

でも実は、読み物として読んでみると、実に面白いものです。

暇な国語の授業中、国語辞典を読んでみたことはありませんか。意外と面白かった記憶があるでしょう。1990年代に『新明解国語辞典』（三省堂）の言葉の定義がユニークといってブームになりましたが、それと同じように、百科事典を調べ物以外の目的でランダムに読んでみるのも、意外な発見があってものすごく面白いものです。

A to Z、「あ」から「ん」の順番で通読する必要はありません。記事によって精読すればいいのです。**ぺらぺらめくって、わくわくするようなところがあったら、そこをじっくりと読む。さらに関連項目で気になったところへジャンプしてどんどん読み進める。**

百科事典というと、「難しそう」と敬遠する人もいるかもしれませんが、**実は読書が苦手な人にもっとも薦めやすいのがこの形態**です。1つ1つの項目が独立していますから、小説のように「どこまで読んだか、わからなくなっちゃった」ということがありません。「この登場人物、誰だっけ?」ということもない。正確無比の文章で、ただ淡々と事実が書かれていますから、物語に感情移入することに慣れていない人でも知的好奇心を満たすことができるのです。

「どんな本を読んだらいいのかわからない」、「いつも決まったジャンルの本ばかり読んでいる」、「気になる事柄はあるけれど、1冊通読する自信がない」。

こういう人は、まず図書館に行って、百科事典を開いてみましょう。そしてなんとなくとっつきやすいと思うものを見つけたら、ぜひ書店で買ってみてください。

読書というと、1冊の本と真摯《しんし》に向かい合って読み込むというイメージがありますが、百科事典は自分の気になるところだけをパラパラ見るだけで十分楽しめます。ウィキペディアでリンクをたどるのが止まらなくなるように、百科事典でも同じ現象が起こります。ちなみに僕は、百科事典の中でも特に数学の項目が好きです。

百科事典は、歴史、科学、芸術、情報技術等、さまざまな教養がつまった**「知のレトルトパック」**なのです。

ヘタな読書術は持つな

本のテーマとしても読書術を扱ったものが人気のようですが、僕はそんなものをなるべく持たないようにしています。そういう本では、それなりにもっともなことが書いてあるのですが、僕にはどうも馴染みません。

そういう読書術の本は、本を読むのが楽しくない人に対して、少しでも楽に読めるようにする工夫を紹介しているような気がします。

読書は本来楽しいものでしょう。楽しくて仕方がなくて、夢中になれるものでしょう。楽しいものに術を凝らすでしょうか。

いつの世も、物事そのものよりも、その物事に付随する「術」が好きな人はいますが、僕の場合、本や読書が好きなのであって、読書術が好きなわけではありません。

いつも読む場所もまったく決まっていません。風呂以外でならどこでも読みます。よく風呂で読書をする人がいますが、僕は本が湿気で傷んでしまうのでやりません。

本に付箋を貼ったりもしません。別にこれはモノとしての本の価値が下がることを防ぐためにそうしているのではなく、もし付箋を貼らなければ忘れてしまうほど印象に残らないのなら、それはその本がダメだということにしています。

そうはいっても、僕もブログに書評を書くので、「ここここは引用しよう」と何かを本の該当箇所にはさんでおくぐらいのことはします。でもそれは本についているしおりとか読者はがきとか、その程度ですんでしまいます。記事を書いてしまえばもう用ずみです。

「本を読み終わると、パタンと閉じた瞬間から、中身を忘れてしまう。どんな本だった？と人に聞かれても内容を話せない。読んだことをちゃんと吸収するいい方法って、何かないですか」

と聞かれたことがあります。こういう人は、本に対してへりくだりすぎています。内容を覚えられない自分が悪いと思っている。

悪いのは、内容を覚えさせない本のほうです。

もう少し本に対して傲慢に振る舞ってみるべきです。印象に残る本であれば、あらすじくらいは覚えているでしょう。何ページに何が書いてあるとか正確なことはいえなくても、「このページあたりにこんなことが書いてあった」という印象は残ります。

それすら記憶に残らないのなら、もうそれだけの本だったのです。

もちろん百科事典や辞書などは違います。あれは読む本ではなく、必要に応じて参照する本です。もっとも僕は百科事典を読み物として愛読しましたが。

それから数学の本の数式なども、見る本というよりも脳みそで味わう、体感するという類いの本です。

おそらく僕の読書時間は、せいぜい1日2時間とかそんなもの。しかし、読むのが速いので、その2時間で20冊くらいは読もうと思えば読むことができます。ただしゆっくり読みたい物語がある場合は別です。読むスピードを別にすれば、気楽なものでしょう。それで十分。

読書術なんか、不要です。偉い人にはそれがわからんのです。

本を読めば、自分が読める

本とは他人の考えを読むものだと思っている人が大半でしょう。でも実は**読書で何が読めるかといえば、自分自身なのです。**

読書という行為は、自分が何をわかりたいと思っているかを知る過程の1つです。自分が何を知っていて、何を知らなかったのか。これから何を知りたいと思っているのか。

読書という行為に照らしてみると、それが見えてくる。

本は自分の教養の程度をうつす鏡だというい方もできます。

本を開いて、何をいっているのかわからないというとき、自分はどういう状態なのかというと、「自分が何をわかっていないかということすら、わかっていない」ということ。

読書という行為に現世利益を求めるのは浅ましいことですが、本当に優れた読者は、どんな取るに足りない本からでも何かを得ます。だから本当は**読書をすることで損をするということは、万に一つもありえない**。読書とは、必ず結果がプラスになる行為だといえます。

人として、最低限文化的な教養があるかどうかの目安は、自国語で書かれた本を読むのが苦痛でないかどうかというところにあります。編集者のチェックを潜り抜けた程度のクオリティの本であれば、読みこなせるだけの能力があるかどうかを「最低限文化的である」と定義してしまっていいのではないでしょうか。

もちろんダメ本とか、そもそも論理構成のでたらめな本とか、読者に読まれることを考えていない、1人よがりで出したような本は除きます。僕の場合、そういう本とも付き合えるのは本を読むのが早いからです。つまり傷が浅くてすむ。「1週間かけて読んだけど、やはり得るものはありませんでした」というのでは気の毒です。

実は**本を読めるというだけでも、かなり高い教養の持ち主**です。ですから、今の時点で、「本を読むよりネットが好き」、だとか、「本を読むのが正直面倒」という自分を恥じる必要はありません。そういう訓練を積んでこなかっただけですから。

きみは楽な状態に慣れてはいないか？

最近はテレビを見る人が減っていると思いますが、それでも日本人は1日平均で3時間も4時間もテレビを見ます。なぜそんなにテレビを見続けることができるかというと、頭を使わないですむから。映像と音声で説明してくれるし、近頃ではテロップで文字まで出て、「ここが笑うところですよ」と教えてくれたりする。

食べ物や飲み物にたとえると、テレビはミルクシェイク。噛まないでいい。テレビを見ることは楽なのですが、**テレビばかり見ている人は、楽をすることでかえって本当の楽から遠ざかっていることに気がついていません**。

最近はお粥か離乳食のような消化のいい本が増えていますが、それでも本は多かれ少なかれ、顎をカチカチ動かさないと体内に入っていきません。

本を読むことに慣れないうちは、目も頭も精神も疲れると思います。それはなぜかといえば、自分の頭を使っているからです。

さらにいうと、本を1日15分しか読めない人は、1日15分しか自分の脳みそを使えていないということ。これが純粋な思索とか瞑想というふうになれば、15分どころか5分でも最初はかなりきついものです。3時間も4時間も読書ができる人は、もう十分脳の筋力がついているということなのです。

自分がいかに自分の脳を使っていないのか、自分では使っているつもりでも、ただの反射にしかすぎないのかということを知るためにも、ちゃんとした本を読むことには大きな意味があります。

こうして自分で自分を救うしくみを確立していけば、楽に生きることができるようになっていきます。**他人の感情に振り回されてボロボロになったり、会社の都合で自分の生活を犠牲にしたりしなくてすむようになります。**

そのためにも、一見辛気くさくてめんどくさそうでも、なるべく早い段階から本を読むことを習慣づけていきましょう。

しんどいときに、本で救われるのか

自分で自分を救うしくみをつくるには、本を読むことが大きな役割を果たします。

こういうと「本は人を救ってくれるんですね」という人がいますが、これは正確ではない。著者に意志はあっても、無機物である本そのものに意志があるわけではありませんから。

本は勝手に人を救います。

本とは、海で溺れたとき、波間に浮いている**丸太**のようなものです。それにつかまって必死で浮いていれば、助かる。でも丸太に「人を助けよう」という意志があるわけではありません。

だから本を読んで自殺を思いとどまったとか、本を読んで前向きな気持ちになれたとかいうこともあると思いますが、そんなときも**自分を救ったのは、その本を書いた人ではなく、その本を手に取った人**です。本を読むという行為は、あくまでも読者の行為です。筆者の行為ではない。

でも読者のほうでも「その本に救われた」と勘違いすることはできます。それは勘違いしたままでかまわない。それが自分で自分を救うしくみということです。

どんな本であれ、読まなければ何も起きません。読むのはあくまで読者です。丸太をつかむのは自分であって、丸太に意志はない。本だってそういう意味では、単に紙にインクを染み込ませた束にすぎません。

でも丸太につかまる人は生き延び、丸太を見つけられなかった人は海に沈む。この違いは大きいでしょう。

丸太に出会う確率を上げるには、丸太がたくさん転がっているところに行くに越したことはない。それが書店ということになります。

それでは書店に行ったとして、救われたい人は、どういうジャンルの本を読むべきか。

僕はあなたが何に関して溺れているかを知らないから、答えようがありませんが、とにかく目の前の丸太でいい。

ポジティブな気分になりたいときはポジティブなものを読むと効く人と、ネガティブなもののほうがいい人の両方がいるようで、僕はどちらかというと、後者です。ネガティブな気分のときはネガティブなものがほしくなる。反対に最高に明るく振る舞いたかったら、中島みゆきの『うらみ・ます』を聴きます。

具体的に本のタイトルを挙げれば、明るいとか暗いという言葉では表現できない、あえていえば〝苦い〟という意味で、沢村凛《さわむらりん》作品がおススメです。たとえば『黄金の王 白銀の王』（角川文庫）や最近復刊された『リフレイン』（角川文庫）はかなり苦い話です。暗さとか苦さを極限まで味わっていると、だんだん底を打ち、気持ちが浮上してきます。

たとえば、仕事で大失敗してしまったようなとき。そういう場合は、僕なら、華々しく成功を謳っている本よりも、仕事で大失敗した人の話を読むようにしています。本になるほどの人は、自分より大きな失敗をしています。

失恋したら、絶望するほど恋に破れた人の本を読むといい。

悲しいときや辛いときは、とことんまでその気持ちを突き詰めてみるのです。

人生最大のトラブルをなぜ乗り切れたのか

僕の人生最大のトラブルをお話ししましょう。

話を10代後半のころに戻すと、父親との関係がますます悪くなってきました。でも幸いにして大学進学の時期が迫っていたので、家を出ることができます。

「こんなけったくそ悪いところにいられるか、うんと遠くの大学に行こう」と決心して、15歳で大学検定（大検）を取得し、17歳からアメリカの大学に入りました。ところが在学中に、実家が火事で全焼してしまったのです。

火事の原因は珍しいものではなく、石油ストーブの故障でした。灯油を入れて焚く石油ストーブは、今でも寒い地方に行くと、けっこう見られるものです。その石油ストーブが古いもので、灯油の配管が腐っていて、そこから灯油が漏れたのが原因でした。

幸い家族にケガはなく、物的な被害だけですみましたが、それまで肉体労働や塾講師をしてコツコツ集めた7000〜8000冊の本が灰になりました。

その火事が起きたとき僕はたまたま久しぶりに日本に来ていたのですが、そのまま片付けや法的な手続きや家の再建に追われ、アメリカに戻れなくなり、休校手続きを取りました。

読者のみなさんは、当時の僕がいかに打ちひしがれていたか、想像される方も少なくないと思います。しかし、災害に遭うということは、悲しい以上に忙しいもの。あれをしなければいけない、これもしなければいけないの連続で、悲しいとか空しいとか、何で失ってしまったんだろうというような気持ちは意外と起きませんでした。

今にして思えば、そのころから「起こってしまったものは仕方がない」という発想法になっていたのでしょう。

本を読んでいれば、この程度のトラブルは世界中でいくらでも起きていて、何も自分ひとりが悲劇の主人公ではないことくらい、すぐにわかるようになります。これも「自分で自分を救うしくみ」の1つかもしれません。

Danが目利きの書店員さんに聞いてみた 人生をあと押ししてくれたこの一冊 1

リブロ池袋本店

昼間 匠さん

『サトウハチロー詩集』
サトウハチロー／ハルキ文庫

自分の“原点の一冊”を持とう

今は亡き祖父がくれた、本好きとなったきっかけの一冊です。童謡の作詞で知られる彼の言葉はどれも優しく、純粋に本に夢中になっていた幼い当時を思い出します。本は、読んだ日の空気や、大切な人たちを思い出させてくれるもの。忙殺される日々でも、ふっと原点に立ち返ることができる一冊です。

昼間さんが語る 本のチカラ 一冊と向き合ったシチュエーションも忘れられない人生の財産

八重洲ブックセンター本店

平井真実さん

『ラブレス』
桜木紫乃／新潮社

“自分は不幸に違いない病“の人へ

他人と比較して、私は不幸だと後ろ向きになることが多かったのですが、この本は「他人や周りの目を気にするなんてくだらない」と、自分の価値観を一気に変えてくれたすごい一冊です。昭和26年の北海道を舞台に母子3代にわたる女性の人生を描いた壮絶な物語。ラスト4ページで涙が止まらなくなります。

平井さんが語る 本のチカラ 自然を愛で、他者を思いやる、そんな“情緒”を養う大切なきっかけ

CHAPTER 2

本の読み方を
変えれば、
自分が変わる

本を読む時間もないほど働いてはいけない

僕が本を読みなさいというと、返って来る答えのトップ2は「お金がない」「暇がない」というものです。

お金については、なくたって読書は十分できるという話をしました。

問題は暇、つまり読書のための時間です。現代人で、時間が有り余ってしょうがないという人は少数派でしょう。たいていは忙しい毎日を送っているはずです。そんな日々の中で、本を読む時間をどう捻出するか。

そもそも現代のわれわれの労働時間は長すぎます。たかだか食い扶持を得るための仕事のために、1日8時間も拘束されるなんて、昔から僕はおかしいと思っていました。

ある程度拘束されるのは致し方ないにせよ、**本来ならば人間の妥当な労働時間は2時間**

ぐらい。ずいぶん怠け者だと思ったかもしれませんが、なぜ2時間かというと、それにも根拠があります。

複数の考古学の本に書いてあることですが、縄文人が生活していくのに働いていた時間は、だいたいそんなものであると推測されるからです。

実は人間が1日8時間も働くようになったのは、農耕の発明の後の話のようです。それまでは採集型ですから、野山にある食べられるものを集めるだけだったら、それぐらいの時間で足りていました。逆にいえば、長時間働きたくても働きようがなかったともいえます。

とにかくそれ以前は、1日2時間労働の時代が何万年も続いていました。それぐらい暇があったからこそ、ピラミッドのような巨大建造物がつくれたのではないか、という意見もあります。

しかし農業が発明されると、食べものがないときに備えて蓄えたいという欲が出てくるようになりました。そのため、1日に食べきれない以上の農作物を育てようとすることになります。そうなると2時間では足りない。

特に稲作などは、かけた手間だけ収穫量が上がります。逆に手間を怠ると、収穫が失われる。その結果、だんだん労働時間が長時間化してきました。

話がそれましたが、つまり本来人間はそれほど長く働くようにはできてはいません。それなのに労働時間が長すぎるから、本を読む時間はおろか、休息の時間すらなかなかとれないのです。ではどうするか。

人生の一時期に本を集中的に読む時間を捻出するための裏技があります。いっそ正社員になってフルタイムで働くのはやめて、1日数時間のアルバイトで生活していく。そして残った時間で本を読むのです。

今、大学を出ても就職できなくて自殺する人がいるといいます。彼らの立場に立ってみなければわからないところはありますが、僕は、大学に入る前にコンビニや土木の仕事で学費を貯めていた時代がありました。

選ばなければ仕事は、それなりにあります。そういうタイプの仕事は、雇い主もやたらブラックなことはいわないものです。なぜなら給料も安い代わりに、それほどすごい仕事を期待されていないものですから。

約束の時間通りに行って、約束通りの仕事をすれば、約束通りのお金を払ってくれる。そういう仕事なら、無闇に残業を命じられたりしません。

もちろん一生そういう仕事をしろというわけではありません。これは自分で自分を救うしくみを確立する前の若い人が、本を読みたいけれど読む時間がないという場合、こういう手もあるという一例です。

英語で職業を尋ねる表現に、「What do you do?」という質問があります。略さずいえば、「What do you do for living?」。**生きていくため、生活の糧を得るためには何をしていますか**という意味です。

現代では、こんなふうにただ生きていくために働くという考え方をしなくなりました。やりがいや成長、外聞……現代の人は労働にあまりに多くのものを求めるようになっています。

しかし僕は、とりあえず必要なお金を得たら、もう後はゴロゴロしていていいのではないかと思います。**1日8時間も働く必要はない。それよりもっと本を読む時間を増やしたらどうか**と思っています。

労働と読書が僕の青春だ

僕は中学生時代、友だちはあまりいませんでした。実をいうと、当時のクラスメートは1人も思い出せません。

僕には同じくらいの年齢の級友たちが、子どもっぽく見えて仕方がなかった。少なくとも友人になれる相手だとは思っていなかった節があります。すごく冷たいいい方ですが、自分と対等な話ができるとは思っていませんでした。ガキとつるんでも仕方がないから、なるべく大人と話そうとしていました。

話し相手になってくれる大人は幸いにして0ではありませんでした。親戚の人、近所の人の中には、僕が話をしていて楽しい年上の人がいました。

しかし、**主だった大人の話し相手は「本」**でした。つまり**本の書き手と、本を通して**

会話をしていたのです。

もしも今、話し相手がいなくて孤独な思いをしている人がいたとしたら、SNSなどで安易に孤独を紛らわせるよりも、本を読んだほうがどれくらいいいかわかりません。

本を読むということは、古今東西の人たちと自由に会話ができるということです。もちろんこちらの言葉は著者には届かないけれど、でもその代わり、**遠い外国の人や、もう死んでしまった人、ふつうだったらとても自分とは会ってくれるわけがない偉大な人の話を聞くことができる。**僕も生意気でしたが、本が話し相手であれば、相手に不足はないというものでした。

僕は中学を卒業した後、高校に行かないことを選択しました。当時、僕が行きたいのはあくまでも大学だったからです。その辺の高校に行ったとしても、中学のときと同じことの繰り返しになるのは目に見えています。

高校は義務教育ではないし、大検に合格すれば大学の受験資格が得られます。つまり「大学に進学するために仕方なく高校に行くという選択肢は取らなくてもいい」と、天下の文部省、今の文部科学省がいっているのですから、これを使わぬ手はありません。大検の問題集を見てみたら、思いのほか簡単でした。

そんな僕は16歳の誕生日前に大検を受け、無事合格します。当時は試験科目が13科目くらいあり、受験に4日間かかりましたが、全部パスしました。これも自分に合った勉強法をひたすら続けてきたおかげでしょう。

16歳になってしばらくして、合格通知が来ました。そこで喜び勇んで証明書をもらいに行ったら、「それはまだ出せない」と突っぱねられてしまいました。大検資格が有効になるのが、満18歳になる年度だったのです。

結局、ブランクが生じてしまいましたが、「これで高校の三年と等価だ」だと思えば、仕方がない。その分、本を自由に読める時間をたっぷり捻出できるのですから。

ただ、その間は本ばかり読んでいただけでなく、コンビニの店員、土木作業員、塾の先生もやりました。塾の講師は実入りがよかった。自分より年上の受験生に教えたりもしましたが、教え方がうまいといわれて、人気でした（もっともこれは僕が偉いのではなく、採用した塾が偉いのでしょう）。

そういうわけで、僕の10代は一般的な青春像とは遠いところにあったかもしれません。

しかしそのことについて後悔はまったくありません。**自分のやりたいことを自分のやりたいようにできる環境に身を置いてきたという充実感があります。**

肉体労働の経験もしてみてよかったと実感しています。最初のうちは土方の仕事も難しいものです。たとえばアスファルトをスコップでならすわけですが、最初のうちは腕の力だけでやってしまいがち。だからすぐ疲れてしまう。それがきちんと腰を使ってできるようになると、それほど疲れなくなります。

簡単に見える仕事にも重要なコツがあり、最初のうちはもう給料泥棒もいいところですが、そのうち役に立つようになっていくことが実感できます。

僕は土方のバイトをしているときも、昼飯時は本を読んでいました。周囲の人はそれを見て、「変なやつだな」というように珍獣扱いしていたものですが、でも別にそれだけのことです。別に変なやつだから文句をいおうとか、本を読むなとかはいわれません。

土方やコンビニのバイトなんて、考え方によっては「自分はやりたくない」という人もいるでしょう。しかし僕には狭い教室に閉じ込められるよりも、こんな自由な生き方のほうが性に合っていたのです。

「ロールモデルは3年まで」の法則

本を読むときに心がけておきたいのは、内容を無条件に受け入れるのではなく、**「批判しながら読む」**ということです。これが著者と会話しながら読むということであり、そうでない読書はただの知識の受け売りにすぎません。

そういう意味で、僕はどんなに高名な人の書いた本でも、最初から100%信じてかかるということは皆無です。以前同じ著者の本を読んで、この人は素晴らしいという読後感を抱いたとしても、別の本を読むときは、やはり批判的に読みます。1人の人に心酔する、ということがあまりないのです。

逆に、これという先生を決めたら、その先生については一切の批判が許されないのが、昔ながらの職人の世界です。

たとえば、（今はこういう教え方は少なくなったと思いますが）料理人などは弟子に一切料理を教えません。弟子はただ皿洗いなどの雑用をこなしながら、師匠の手元を見て技を盗むしかありませんでした。

しかし、僕は中学で登校拒否になって以来、大学に入るまで独学で学んだせいか、このような「親方の一挙手一投足を全部真似しろ。思考パターンも何もかもコピーになれ」というような有無をいわさない学び方が、どうしても効率的なものには思えません。

落語家でたとえるなら師匠のもとに住み込みで修行して真打になるのが、40代半ば。もっともこういう落語家はさすがにもう減ったようですが、一人前になるのが今の僕よりも年上になってからだなんて、いくら何でも遅すぎです。

誰かロールモデルを決めて、その人に心酔する時期があってもいいかもしれませんが、せいぜい3年が限度です。すでに言語化されている知識を、10年も20年も誰かの真似をすることで身につけるとしたら、人生の浪費もいいところです。

僕はそういう徒弟制度の話を聞くたびに、動物学者コンラート・ローレンツの『ソロモンの指環』（ハヤカワ文庫ＮＦ）の中に出てくる、ひな鳥が生まれて最初に見た動くものを親だと信じて後をついていくようになる「刷りこみ」の話を思い出してしまいます。

僕たちは鳥ではなく人間です。いくら何十年も寝食をともにして、師匠のコピーを目指しても、絶対にコピーしきれない部分が出てきます。

このコピーしきれないものが出てきたら、そろそろオリジナリティを追求してみてもいい。それが「先生」との、ほどのよい付き合い方です。

何か教えを請いたくて本を読むという人もいると思いますが、どんなに惚れ込んでいる著者の本でも、鵜呑みにしないで対話しながら読むことが重要です。どんなに心酔している人でも、一方できちんと批判できなければ、おそらく一人前とはいいますまい。

一人立ちできるということは、先生や師匠、親方が間違ったときに、「親方、やはりそれはおかしい」といえるかどうかにかかっています。実際、親方も人間ですから、間違うこともたくさんあります。

たとえば10年かけて刀匠《とうしょう》になり、美しい日本刀がつくれるようになったとしても、心底親方に心酔してしまう人は、戦争になったとき、絶対に勝てません。

「待てよ、こんないい刀を使わなくても、適当な鉄の塊を火薬で打ち出したほうが、よっぽどコストパフォーマンスがいいよな」

と思える人が、競争という環境では生き延びる。

しかしこれは親方のことをバカにするとか、古くて時代遅れだと全否定することではありません。

その人のことを尊敬している気持ちに変わりはない。でも、この部分だけはちょっとおかしいとか、ここだけはこうしたほうがもっとうまくいくとか、そういうふうに弟子の側も意見を述べたほうが、ものごとは進化するに決まっているのです。

本当に偉い先生ならば、弟子からも学ぼうとしますから、弟子が反対意見を述べたからといって「俺に逆らった」とは思わないはずです。

本を読むときも、１人の人の意見を鵜呑みにするのではなく、批判精神をもって、ツッコミを入れながら読むといい。それは決してその著者をバカにしたり、否定したりすることではありません。そうすることで、より多面的にその著者の思想を理解できるようになるのです。

ベストセラーよりロングセラー

あえて極端ない い方をします。

ベストセラーは買ってはいけません。

本のことをよく知らない人は、ベストセラーとは優れた本のことだと思っています。ところがこれは誤解です。確かに優れた本がベストセラーになることも10年に1度程度はあります。しかし、逆もまた真なりは成り立たない。なぜなら現代におけるベストセラーとは、本を普段買わない人がたまたま購入に至った本のことだからです。

ベストセラーになったということは、中身がいいことの証明でもなんでもありません。

いつもは本を読まないでも生きていける人たちにも、何かしら訴えかけるものがあったというだけのことです。本としての完成度とはまた別です。

だからもし僕が誰かの部屋に招かれ、その人の本棚にベストセラーばかりが並んでいたら、「この人は普段、本を読んでいないんだろうな」と判断します。

「新しい世界を広げたい」、「自分の成長につなげたい」など、あなたが何らかの前向きな気持ちで本に臨もうとするなら、こうしたベストセラーに触れることは、もしかしたらかえって非効率なことかもしれません。

とはいえ10年に1度程度は、読むに値する優れたベストセラーが出るのは事実。僕にも評価しているベストセラーがあります。永六輔《えいろくすけ》の『大往生』（岩波新書）、養老孟司《ようろうたけし》の『バカの壁』（新潮新書）などがそれに相当します。

もっとも『バカの壁』と、養老先生の別の著書『唯脳論』（ちくま学芸文庫）は、いっていることがほとんど同じ。『バカの壁』を読むなら『唯脳論』を読んだほうが、中身が濃くていい。養老先生も「僕が書く本は、みんな一緒なので」と公言しています（ただ『バカの壁』と『唯脳論』では、どちらがとっつきやすいかといえば、断然『バカの壁』のほうです）。

『五体不満足』（講談社）も、読むに値するベストセラーです。

著者の乙武洋匡《おとたけひろただ》君を素材呼ばわりしてしまうのは何ですが、まず滅多にないという意味では、あれほど恵まれた素材はありません。先天性四肢切断という障害を持って生まれながら、頭も顔もよくて目立ちたがり屋だという乙武君は、この本で脚光を浴びた後、スポーツライターや小学校の先生などとして活躍するようになりました。

「障害は不便だけど不幸ではない」というのはすぐれたものの捉え方ですし、実際に乙武君は恵まれているところもあります。それを素直に書いているところは、やはり評価したい。日本では、人生がうまくいくと謙遜しなければいけないかのようなムードがありますが、幸運を幸運と書いてなぜ悪い、と僕は思います。

このように読んでいいベストセラーもあるのですが、ベストセラーに〝読まれない〟ためにいちばんいいのは、**ブームが去ったころに読むこと**です。僕はつねづね、**「ミリオンセラーは10年待て」**といっています。

ブームの10年後ぐらいに読むと、雑音に惑わされず、いい読み方ができます。1981年の刊行以来、ちゃんと継続的に読まれている黒柳徹子さんの『窓ぎわのトットちゃん』（講談社）などは、殿堂入りです。堂々と読んでいいミリオンセラーといえるでしょう。

本に実利を求めすぎると かえって損をする

「せっかく本を読むのだから、読んで得たものを自分の成長としてアウトプットできるようになりたい」という言葉をよく耳にします。

こういう人は、本を読むことで得られる実利を過剰に意識しています。

1500円の本を買ったのだから、せめて2000円分はいい思いをしたい、というように。

しかし皮肉なことに、**読書という行為に損得の概念を持ち込む人は、実はあまり得をしていません。**僕はそういう人には、「テレビの代わりだと思って、気楽に本を読め」といっています。

テレビは明らかな時間のムダだと現代人は心得ていますから、本もテレビの代わりだと思えば、役に立つはずだという強迫観念からは逃れられます。地図やガイドブックなど本当の実用書は例外として、本はメリットを考えずに読むほうがいいのです。

本など読むよりも、ゴミ捨てや掃除をしたほうが、よほどダイレクトに日常生活に役立てることができます。「役に立つ教」の信者というのは、役に立たないことには指1本動かしたくないという人でしょう。そういう人には、本に実利を求める暇があったら、掃除でもしていてくださいといいたい。

人は、「自分にとって何が役に立っているのか」を、そんなに簡単に想定できないものです。それなのにすべての行為に、「これは使える」「これは使えない」という縛りをかけるのは狭量というものです。

そもそも、「役に立つ」という言葉自体、あまりに抽象的です。具体的にどういう状態になるというのを思い描けないとダメです。

そういう意味でいえば『断捨離』（やましたひでこ著、マガジンハウス）などの実用書は、一応ちゃんと具体的な目標があって、そこに至るまでの道が書いてあり、あとはそれがどうしてうまく行くのかという説明になっています。

しかしこの世には、「自分を変えたい」「仕事で大成功したい」という目的に関する本当に役立つ実用書は存在しません。

金持ちになる人とは、いかに金を稼ぐかを考えている人ではありません。**自身の空想力で、金持ちになったときの自分のイメージを鮮明に描いている人です。**もう頭の中の自分は金持ちであって、あとは現実の自分とのギャップを埋めているだけなのです。

アスリートも同じで、たとえば理想的なプレイをしたときの自分が頭の中にあるか、ないかという違いでしかない。

自分の頭の中にも思い描けないものには、おそらくなれません。僕もいろいろな自分になってみたことがありますが、今程度の自分くらいは余裕で思い描いていたものです。

そういう意味でも、**想像力ほど役に立つものはない**のですが、こういう実利第一主義の人は、もし自分の子どもが空想にふけっていたら、残念なことに「ボーッとしてないで、宿題をやりなさい」というのかもしれない。

本は空想のお供としては役に立つかもしれません。しかしそれ以上の実利を求めるのは、本に対してむしろ失礼というものです。

本は前から順番に読まなくていい

1冊の本を読むとき、あなたはどこから読みますか?

読書術の本にはよく「目次を先に読め」などと書いてあります。内容の概略を頭に入れておけば理解が早いし、不要な部分は斜め読みしたりできるというのがその理由です。

僕もノンフィクションの場合は、目次から見ます。

とはいうものの、目次を眺めて、読み飛ばすところと読むべきところを選り分けたりはしません。全部バーッと読んでしまいます。

しかし小説などフィクションの場合は、目次を読むことはしません。

目次を読むと中身がある程度わかってしまうので、目次を先に読んでしまうと、つまらない。やはり「犯人はヤス」(ネタバレのこと)は避けたいですから。

本に対してあまり馴染みのない人ほど、最初から最後までちゃんと読まなければという強迫観念があるかもしれませんが、**実は好きなところから好きなように読んでもかまわないのです**。こういう人は辞書から読みはじめるというような治療法がいいかもしれません。調べるための本の場合は、もちろん通読する必要はありません。

そういう意味では、シーケンシャル（頭から連続）に読まなければいけない小説が、いちばん読みづらいのでしょう。漫画が売れるのもわかります。物語という面白いけれど最初から順番に読んでいかないと筋が追えないような読みにくいものを、絵で情報を補って読みやすくしているのですから。

索引まで付いている本は、シーケンシャルに読む必要はなく、ランダムアクセス、すなわち必要なところからアプローチすればいいのです。この章だけとか、この項だけという読み方をしてよろしい。

こういう読み方を意識にいれておけば、**1000ページ以上ある本でも怖くありません**。特にコンピュータ関係の本は、どうしても長くなりがちですが、こういう本とつねづね付き合っている人は、全然長さを恐れていません。

安くて高い漫画

ベストセラーは読んではいけないといいましたが、漫画はこれには当たりません。**大ヒットした漫画は、やはりそれだけ質が高いことが多い**のです。

さらに漫画はふつうの単行本とは、売れ方も桁違いです。

尾田栄一郎の『ONE PIECE』（集英社）は、新しい単行本が出ると必ず初版３００万部を刷るといいますが、あれはベストセラーとはいわない。出版社のほうでも必ず売れることを見越して、つまり定番として出していますから、ベストセラーの定義には入らないでしょう。

僕は漫画も好きでよく読むのですが、漫画は痛し痒《かゆ》しです。

何が痛し痒しかというと、面白い漫画ほど長く続けさせられることです。嵩《かさ》も張るので、意外と収容力が必要になる。そうなると僕の持論である、「本棚に隙間を維持しろ」ということが難しくなるのです。漫画は1冊1冊はそれほどでもありませんが、総量としたらけっこうな量になります。誰もが僕のように大きな本棚を持てるわけではありませんし、たとえ大きな本棚を持ったところで、いったん本棚がいっぱいになると、新しい本を買いにくくなり、新陳代謝がしにくくなります。

秋本治の『こちら葛飾区亀有公園前派出所』（集英社）などはいずれ確実に単行本が200巻を超えるでしょうし、荒木飛呂彦《あらきひろひこ》の『ジョジョの奇妙な冒険』（集英社）も、もう25年くらい連載しています。他に、少女漫画にも美内《みうち》すずえの『ガラスの仮面』（白泉社）なども代表的なご長寿漫画です。

もういっそのこと、『美味しんぼ』（小学館）の究極のメニューはポロニウムということにして、登場者全員彼岸の彼方に行って欲しい。すでに30年くらい連載していて単行本も100巻を超えましたが、まだまだ終わる気配がありません。

原作者が物理的に書けなくなりでもしなければ、永遠に『美味しんぼ』の新刊が出るたびに買い続ける羽目になること受け合いです。

うさんくさい本で批判を練習する

昨今は「クリティカル・シンキング」といって、批判的に考える思考法が話題を呼んでいます。

客観的かつ批判的にものごとを分析する力をつけるということですが、ふつうに考えてみれば、こんなことは当たり前にできていなければまずい。わざわざ横文字でいわなければならないほどのことでもありません。

それでも多くの日本人が、「批判的に考えなさい」といわれて、「そうか」とハッとするのは、いかに僕たちが日ごろ何でも無批判に受け入れているかということの証明のようなものです。

最近の若い人はどうかわかりませんが、僕やその上の世代の人たちの活字に対する信頼はものすごく厚いところがあります。

「本に書いてあることに間違いなどない」と思い込んでいる人も少なくありません。ですから僕が「本は批判的に読め」といっても、戸惑う人も多いと思います。

読む能力を身につけるには、批判しやすい著者や、批判しやすい本からはじめるのも1つの方法です。あえて相手のいっていることを論破するために、そういう本を入手してみるのも、面白い読書法かもしれません。

たとえば『水からの伝言』（波動教育社）という本があります。いわゆるスピリチュアル本で、こんなことが書いてあります。

水に「ありがとう」とか、きれいな言葉をかけると、きれいな雪の結晶ができる。逆に雪を罵倒すると、汚い結晶ができる。水にも、人間のきれい、汚いという概念を認識する能力がある、というような内容です。

このような記述は科学的にはまったく無根拠ですし、この本は実際に数々の批判を浴びました。

あなたがもし、ある本を読んでいて、本の内容に対してこのような違和感を覚えたら、その感性を大切にしてください。批判精神はそうした感性が土台になります。

あくまで僕の観点から、こうした事例を挙げてみましょう。

東日本大震災直後に緊急出版された、『日本復興計画』（文藝春秋）という本がありま
す。

事故を起こした原発をどうするかというような話が盛り込まれていますが、著者の大前研一さんはもともと日立製作所の原子力技術者なので、内容のほとんどは筋が通っています。

大前さんは今回の事故の原因は、電気をつくるための原発でありながら、津波の影響で電気が止まってしまったため余熱を外に出せず、メルトダウンしてしまったことだと分析しています。これはまったく正しいのですが、この次に出てくる主張には、だからこそ、ずっこけました。

「太陽電池でも風力でも、バックアップの電源を置いておかなければいけなかった」

他に電源は何種類もあるのに、なぜここでバックアップとして太陽電池と風力発電を出すのか、不自然に思えてなりませんでした。バックアップの電源は、いざというとき

に確実に動いてくれなければ困ります。風ひとつない夜中に太陽電池と風力発電でどうしろというのでしょうか。それよりは燃料電池やガスタービンなど他の手段で電源を確保したほうが確実であることは、原子力の学位がなくてもわかります。

ここで自然エネルギーを出すことに、僕は妙な違和感を覚えました。おそらく原発そのものの代替案として自然エネルギーのことが頭にあったため、太陽電池や風力発電を例として挙げてしまったのでしょう。

これは揚げ足取りに近いような些細な問題ではありますが、大前研一さんほどの知的な人でも、こういうことはあるのです。だから**鵜呑みにせず、細部を批判的に読むことが重要なのです。**

批判することは、その人の人格を否定することではありません。本の中でも、学校でも社会でも、何かがおかしいと感じることがあったら、声を大にしていえなければいけない。ただし**批判するなら、必ず代替案もセットで用意すべきです。**

批判がきちんとできないということは、「世の中を良くする方法を考えなくてもいい」というのと同じことでもあるのです。

奥深い難読本の世界

本を読むのが好きな人でも、読むのに苦しむ「難読本」というものがあります。とにかく内容の理解に時間がかかる。いや、時間がかかるというよりも、時間をかけてもわからず、まったく歯が立たない本があるものです。

難読本の代表的なジャンルとしては、第1に数式が出てくる理系関連の本があります。これは数学の苦手な人には辛いかもしれません。僕などは数式を見ているだけで嬉しくなるのですが。

第2に哲学書のような、日本語で書かれているはずなのに、何をいっているかサッパリわからないという本もあります。これは、実はゴミも多い分野で、**「言葉遊びしているだけじゃん、それ」「我慢して最後まで読んだけれど、結局何にも役に立たなかった」と**

いう本がかなりあるので注意が必要です。私もこれらの本でかなりの時間を〝スッて〟きました。

そんな難読本の中でも、僕が関心を持ったものをいくつか紹介しましょう。

古代中国の思想家である孔子とその弟子の言葉を記した『論語』（岩波文庫他）などは、何しろ漢文で書かれていますから、難しいように見えます。ところが、案外変な注釈をされるよりも、そのまま読んだほうがスッと入る。強いていえば、漢文が邦訳されているものぐらいで十分。チャレンジする価値は十分にあります。

さらに挙げたいのが『古事記』（岩波文庫他）です。神話とは何かと謎が多いものですが、これも例外ではありません。古事記の中に、こんなエピソードが出てきます。天照大御神《あまてらすおおみかみ》は大国主命《おおくにぬしのみこと》に領土を明け渡せと国譲りを迫りますが、大国主神はそれを拒否します。そこで天照大御神は建御雷命《たけみかずちのみこと》と大国主命を戦わせる。その結果、大国主命は負けてしまうのですが、なぜか出雲《いずも》大社に祭り上げられます。また大国主命の息子は、諏訪《すわ》大社に祭り上げられる。

なぜ、負けたほうを祭り上げるのでしょうか。ふつうに考えれば逆でしょう。

「大国主命の祟りを恐れて」という説もありますが、他の国の神話は、大抵負けたほうを勝ったほうが徹底的に討ち滅ぼす話です。古代メソポタミアの「ギルガメシュ叙事詩」も、人間側の象徴であるギルガメシュが、自然を徹底的に打ち砕く話です。

そこからは実際に征服に成功した王朝の、今でいうプロパガンダが、こういう形で神話になったのであろうということが透けて見えます。

そういう意味では、古代日本にもノルマン・コンクエスト（ノルマン征服）のような事例はあったのでしょう。それ以前に日本に住んでいた人たちを、後から大陸から来た人たちが支配していった事実も実はＤＮＡの変異に刻まれていることが近年明らかにされつつあります。

難読本も根気よく付き合っていれば、こんなに面白い世界を垣間見ることができるのです。

漢文でや古語で書かれていると、注釈をいちいち読まなくてはならなくて、読むリズムが狂うのが大変ではあるのですが、それを上回るだけの面白さはある。

やわらかい本に飽き足りなくなったら、ぜひ挑戦してみてください。

地味なタイトルに名著が多い

うまい本のタイトルは、それだけで唸《うな》ってしまうものです。

僕も見出しやタイトルに凝る派なので、「あ、このタイトルはやられた」と思って、それだけでその本を買ってしまうことがあります。読んでみた結果、タイトルしか見るべきものがなくても、あまり損した気分にはなりません。

僕がつねづね主張していることに、**「一般名詞的な地味なタイトルに名著が多い」**という法則があります。

たとえば岩波新書でいちばんの傑作といえば、遠山《とおやま》 哲《ひらく》の『数学入門（上・下）』がその1つといえるでしょう。

『数学入門』なんて、本当にまっ平らなタイトルで、「焼肉定食」レベル。実はそういう

〝定食本〟が穴です。

もう1つの良書の見分け方は、奥付という本の巻末にある、出版社の住所や社長の名前、印刷所や製本所の名前などを印刷してあるページを見ることです。そこにはたいてい、いつ発売されたかという刊行年月日が書いてあります。

そこを見て、**初版が10年ぐらい前なら、迷わず「買い」**です。なぜなら10年経ってもまだ絶版になっていないということですから、これはもう古典として定着したと見なしていい。ただしテーマによっては、5年くらいでもよしとすべきものもあります。コンピュータ関連のテーマなどは内容があっという間に古びてしまうからです。

しかしそれにさえ例外があります。岩波新書の村井純が著した『インターネット』は、ダイヤルアップ接続などずいぶん懐かしい話が書いてあって、内容的に「何これ、古い」というのが明らかなのですが、そこに書いてある根本的なことは、今でも通じます。

今は常時接続が当たり前ですが、「常時接続こそインターネットの本来の姿である」ということを最初に日本でちゃんと書いたのは、1995年に出たこの本です。このようなものは、すでに品質の保証された現代の古典と見なしていいでしょう。

「本の面白さ」を見分ける方法

僕の友人に、「書かれてから100年経っていないものは読まない」という人がいます。それくらい時間が経てば、面白くない本は歳月によって淘汰されるので、本当に読む価値のあるものだけが生き残っているはずだからだそうです。

歴史のフィルターを通ってきたものだけを味わうという方法です。これはハズレを引かないようにする試みとしては、一理あるでしょう。

たとえばチャールズ・ディケンズの『大いなる遺産』(河出文庫・新潮文庫)は1860年に書かれた、今から150年以上前の長編小説です。

1860年といえば、日本では桜田門外の変が起きた年であって、とても一般庶民が長編小説を楽しむような状況ではなかったわけですが、イギリスではすでにディケンズという天才作家が週刊誌にこの物語を連載していました。この小説は今読んでも非常に面白く、まったく古さを感じさせません。さすが150年もの間、生き残ってきただけのことはあります。

「時間の洗礼」に耐えて生き残っているということは、本当の名作の証拠だといえます。したがって古典を中心に読んでいくというのは、ある意味でハズレを引く確率の少ない、効率的な読書方法です。

翻訳ものなども、土地的なハードルを乗り越えてきたのですから、それだけ面白いという証明になるでしょう。なぜなら国が違っても「これは売れる」と判断されたということは、資本主義というなかなか淘汰率の高いフィルターを通ってきたものですから翻訳されるという時点である程度のお墨つきを得ています。

その逆もまた真なりで、日本の作品でも外国語に翻訳されたものはまずハズレはありません。好き嫌いはさておき、読んでみれば必ず得るものはあります。

でもその一方で、「絶対に駄作を選んでなるものか」と意固地になるのも不自然なことです。

シオドア・スタージョンというSF作家がいます。

彼はある人に、

「SFの9割はクソだ」

といわれて、こう返したのです。

「**その通り。SFの9割はクソだ。物事の9割はクソだから当然だよ**」

と。今ではスタージョンの法則として知られています。

どんなものでも、毒にも薬にもならないクソコンテンツはあります。「絶対に面白い本しか読まない」と決めて、少しでも面白くないと損をした気分になるというのも、本に娯楽性というある意味での実利を求めているのと同じ。僕には狭量なことのように思えます。

第一、古典しか読まないと決めていたら、新作を読む楽しみが味わえません。

本というものは、100年前に生きていた人の息づかいを感じさせてくれるものでもありますが、せっかくだから同時代を生きている人のものの考え方や感じ方も知っておきたい。ですから、新刊にも果敢に手を伸ばしたいものです。

「すごい人」の本はなぜ拍子抜けするのか

本を批判的に読むには、著者名に惑わされてはいけません。

偉業を成し遂げた人が、つまらない本を書くのは実によくあることです。一代でベンチャービジネスを成長させたような有名社長は、必ず本を書くはめになるのですが、そのビジネス以上に面白いことはまずありません。ユニクロの柳井正《やないただし》さんの本も、僕にとっては「本を書かなければよかったのに」と思うレベルでした。

どうしてそんな優れた人が、優れた本を残せないのか。

このような人たちが仕事についての本を書くということは、自分の持つビジネスノウハウを言語化するということです。ということは、その本を読めば、ノウハウが手に入る。僕はつねづね本ほど安いものはないといっていますが、もしユニクロの経営マニュアルが1冊1500円くらいで売っていたら、こんなに安い買い物はないでしょう。

だからあえて大事なことは語らず、抽象論とか精神論に終始するのでしょう。

あるいは経営ノウハウが身体に染みついていて、言語化しようにもできないのかもしれません。人には真似できない仕事をしているすごい人ほど、そうなる傾向があります。

本当にすごい人は、どうして自分がすごいのかを知らなかったりします。


もしその人のすごさを知りたかったら、自伝ではなく、第三者の手による伝記を買うべきです。


アップルの創業者スティーブ・ジョブズがすごいのは、自分で自伝を書かずに、こいつだと自分が見込んだウォルター・アイザックソンに、しかも自分が死んでから自伝を出版させたことです。あれぞ一流の人の使い方です。何を自分ですべきで、何をすべきでないのかを、ジョブズはよく知っていました。

「すごい人」の本は、本人が著者であるものより、第三者の客観的な視線を交えて書かれた自伝を読んだほうがいい。それもできれば、本人が亡くなってからのほうが、神秘のベールが剥がれ落ちるので面白いというのが僕の持論です。

Danが目利きの書店員さんに聞いてみた 人生をあと押ししてくれたこの一冊 2

紀伊國屋書店梅田本店
百々典孝さん

『ダック・コール』
稲見一良／ハヤカワ文庫JA

人間に必要な“優しさ”とは

鳥と男たちを巡る珠玉の短編集であり、自然や動物たち、そして人間に対する優しい目線に満ちた傑作です。登場人物は決して皆輝かしいヒーローではありません。けれど、成果ばかりが問われる現代で「こうでありたい」という男の姿を教えてくれています。第三話の「密猟志願」は全力でおすすめしたい作品。

百々さんが語る 本のチカラ 人との出会いの次に、人生に影響を与えてくれるもの

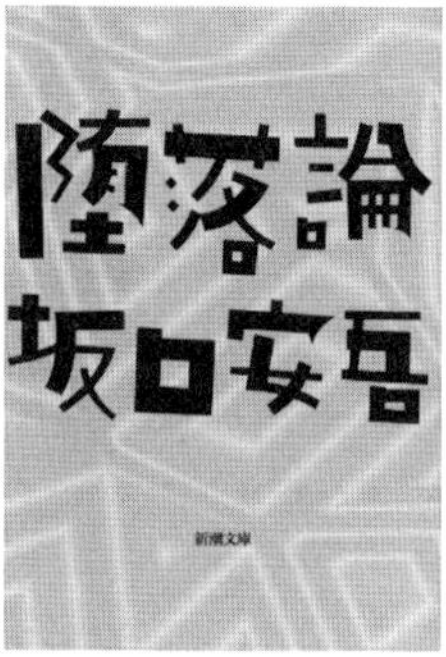

有隣堂
加藤 泉さん

『堕落論』
坂口安吾／新潮文庫

絶望は、案外怖くない

高校時代、先生が泣きながら勧めてくれた一冊。終戦直後に「人間は墜ちきることが必要だ」と主張した評論ですが、当時のほほんと暮らしていた私に、「何があっても平気」と将来への勇気を与えてくれた作品です。震災を経験した現在読むと、当時と重なるところも多く、改めて読み直したい一冊です。

加藤さんが語る 本のチカラ 困難にぶち当たっても、答えは本の中に散らばっている

CHAPTER 3

本屋を歩けば、
見える世界が変わる

20代こそ本にお金をつぎ込もう

この本の読者には、本代だけはケチらないようにしてほしいと伝えたい。


僕はお金がない若い時代から、ずっと本だけは読んできました。

今、本を読まない人に理由を尋ねると、「本代がない」「本は高い」という人が多いのですが、「本ほど安いものはない」というのが僕の持論です。

今まで述べてきたように、僕はおこづかい程度の小銭しか自由にならない小中学生のころから、大量の本を浴びるように読んできました。読書をしようと思えば、お金などなくてもできるということです。

でも自分でお金を稼げるようになると、本との付き合い方はまたワンランク上の段階に入ります。

僕はアメリカの大学に進学し、途中で大学をやめて帰国します。それが20代前半のころですが、当時いくらぐらい本に使っていたかというと、年間100万円くらいでしょうか。月々でいうと10万円弱ぐらいです。

でもこのくらいなら、まだたいした額ではありません。中には安い古本などもあるので、全部平均して1冊1000円としても、100万円といえばたった1000冊です。1年で1000冊といえば1日3、4冊読める計算です。

本当に自分の読みたい本を好きなだけ買っても、ふつうの人であればせいぜい年50万円かかるということはないでしょう。

「そんなお金ないよ」という声が聞こえてきそうです。けれど、今は相対的にものの値段が下がっています。食料品も衣料品も安くなりました。本を買ったからといって、食うや食わずになるほどではありません。**現在の本の価格は、内容の価値に比べれば、実に安いものなのです。**

それに「お金がなくてもうダメだ」といっている人の家計簿を覗《のぞ》いてみると、通信費、交際費、服飾費、その他贅沢品など、ムダな出費がゾロゾロ出てきます。そんなことにお金を使うくらいなら、1冊でも多く本を買えといいたい。

なぜ本代にお金を惜しんではいけないのか？

それは、本代につぎ込んだお金は、結局何倍にもなって返ってくるからです。本を読むと知恵がつく。そして現代における仕事のほとんどは、知恵のよしあしで値段が決まります。

卑近な例でいえば、この僕です。今まで何百万円、いや何千万円と本代に費やしてきましたが、今やもう本を読んでお金がもらえるようになってしまった。

少なくとも本は出版社からもらえるようになりました。「書評ブログで紹介してください」といって出版社が送ってくる本は全部新刊ですので、安めに見積もっても1冊1500円程度。今の僕は、献本分だけで年間400万から500万円分の本をタダでもらっています。これを正規に買っていたら、もっとすごい額になるかもしれません。

僕はいつも若い人には、「まず本棚を1本買え」といっています。

大体1つの本棚には、300冊ぐらい収まります。それをガッと埋めて、片っ端から読む。それで読書の習慣は十分つくはずです。

不安を本で埋めてはいけない

若い人にとっては実に不安な世の中ですが、その不安を紛らわすために本を読みすぎるという行為も、僕はテレビを見すぎるという行為と、まったく同じカテゴリーに入れています。矛盾したことをいうようですが、本を読むことは非常に重要ですが、本を読みすぎること、それもあまり質のよくない本を読みすぎるのは、あまりいいことではありません。なぜなら**本ばかり読んでいると、新しいことが入る隙間がなくなるからです。**

今、僕の自宅では、本棚に本が入りきらず、床に積み上がっています。これは本当に反省も込めていいますが、本棚は丸々1段は空けておいてほしい。

もう、どの段も埋まってしまって棚が空いていないのであれば、思い切って捨ててしまいましょう。あるいは棚を増やすなどして、とにかく隙間をつくる。そうしないと新しい本を買わなくなり、自然と思考が固定化されてしまいます。

読書が好きな人が陥りがちなのが、この状態です。つまり好きなジャンルの本ばかり延々と読み続ける。同じような本を次から次へと買い込む。

これらの行為がいけないわけではありません。それ「しか」しなくなることがまずいのです。好きな作家の新刊が出たら、心を弾ませて書店に急ぐ気持ちはよくわかります。でもそれと同時に、読んだことのない作家の本も、お金を払って買ってみるべきです。そうでなければ、感性も固定化してしまうし、自分の成長がそこで止まります。

あるいは1人の著者に心酔しているとする。その人が成長すれば、それにつれて自分も成長するという考え方もあるでしょう。でも**その人のものしか読まないということは、自分は絶対にその著者以上には成長できない**ということです。

ただしどんなに単調な読書であれ、同じことの焼き直しを読んでいるだけであれ、読書は読書。テレビを見るよりは、何倍も建設的な行為です。テレビを毎日3時間見ている人たちは、せっかく1日3時間もある隙間を一生懸命ゴミで埋めているわけですから。

しかし、心の隙間を読書で埋めるような行為は、あまりこの本の読者にはしてほしくありません。たとえば「あなたは悪くない」「そのままのあなたがステキ」というような安っぽい自己啓発本で本棚がぎっしり埋まっている人は、少々危ない。

自己啓発本が詰まっているということは、その人が本に「助けてください」とすがっている証拠。自分で自分を救うしくみができていない。それくらいなら僕は1日8時間テレビを見ます。

もっとも本当の本当にすごい人は、本など読まないのかもしれません。何かわからないことがあれば、その道の専門家に電話1本で「これってどういうことかな」と聞ける。こういう人間関係を築いている人が最強でしょう。こういう人間関係をつくりたくても、安っぽい本で自分の心の隙間を埋めて満足しきっていたら、新たな人との出会いもない。

モノも思考も、固定させてはいけません。循環させることが大事。

でも僕自身、捨てられない本は年々増える一方なので、あとはスペースを増やすしかない。本当は本棚を増やす方向でいきたいのですが、都内ではなかなか。岡田斗司夫《おかだとしお》さんに「廃校を買って、本置き場にしろ」といわれたのですが、実現できないかどうかずっと考えています。

本は常に手元に置くこと

読書家ならみんなそうですが、蔵書の管理というのは悩ましいものです。本は1冊1冊はならともかく、3冊、4冊になると途端に重くなります。そういうものが数千冊ともなると、古い家では本当に根太が腐って床が抜けることもあるといいます。

確か2009年には、地震のために何百冊という本の山が崩れて、その部屋に住んでいた40代の女性が本の下敷きになって圧死した事件がありました。

こう考えると、大量の本をどうやって管理するかということは本当に大問題なのです。

僕の自宅には天井までの本棚がありますが、これはマンションの入居前にオーダーでつくりました。僕はよほどのことがない限りハードカバーの本は買わないので、新書や文庫など小型の判型の本に特化しています。おかげでムダな隙間ができず、収納力アップにもつながっています。「オーダー家具なんかつくれない」という人も多いでしょう。そういう人はふつうに売っている本棚でも全然問題ありません。欲をいえば、天井までのつくりつけにすると、地震の揺れに相当強くなります。

大事なのは、「あの本が読みたい」と思ったとき、いつでも取り出せる状態を保つこと。

そのためには本棚に収納するということが重要です。本の数が少なければ、枕元に積んでおくという方法でもいいのですが、増えてくるとそうもいきません。それに本を積んで山にすると、下のほうの本は物理的に取り出しにくくなります。

本を保存するのに、トランクルームや貸倉庫は使っていません。それは死蔵になってしまうからです。死蔵するぐらいであれば、捨てたほうがいい。

僕は、蔵書リスト等はつくっていませんが、これだけ本があっても、何がどこにあるかはほぼわかるものです。人間の記憶力、検索力はバカにしたものではありません。

やはりある程度大きめの本棚を買い、そこに入り切らなくなった本はこまめに処分する。こうして常に新しいものを入れる隙間を確保しておくことが、思考を固定させないためにはいちばんです。

効果的な書店の歩き方

自分の好きな作家がいるからといって、その作家の作品ばかり読んでいてはいけません。いくら尊敬する評論家がいたとしても、その人の言説にしか触れず、他は一切触れないというのでは、本を読んでいるというより、本に読まれています。

常に本は整理して、循環させ、新しい本のために常にスペースを空けておく必要があります（かくいう僕自身、できないことが多いのですが）。

それでは具体的に、どうやって自分にとって馴染みのない世界を開拓していけばいいのでしょうか。

そのためには**いつも同じ書店に通い詰めるのではなく、行ったことのない書店に行ってみたり、物理的に広い大型書店に行ったりするのが1つの方法です。**

おそらく地方に住んでいる人の中には、ショッピングモール内の一角にある本のコーナーが書店だと思い込んでいる人もいるかもしれません。主婦向けの雑誌や、せいぜい文庫本が雑然と積まれているような小さなスペースです。

そういう人は1度、大都市圏の大型書店に行ってみてください。初めての人は、「これが書店!?」「なんでこんなにたくさんの本があるの?」と驚くと思います。ビル全体が1つの書店になっていて、フロアごとにジャンルが分かれている様子は、本好きにとっては目もくらむばかりに眩しい光景です。

さらに、大型書店はもちろん、個性的な品揃えだと評判のお店は、回り道をしてでも立ち寄ってみる価値は十分にあります。

その中でも、今まででいちばん個性的な書店だなと思ったのは、かつて丸善の丸の内本店内にあった「松丸本舗」です。編集者の松岡正剛《まつおかせいごう》の本棚を書店の中に丸ごと再現して、そこに並んでいる本をそのまま売り物にするという試みでした。松岡正剛さんぐらい本を読んでいる人でないと、とてもできない贅沢な企画です。このような試みがあると、書店に足を運ぶのがもっと楽しくなる。

そういうわけで、**書店に行ったら、なるべくいろいろなコーナーを回ってみることを自分に義務づけてみてください**。どんなに本が好きな人でも、いつも立ち寄るコーナーは自然と決まってしまいます。固定化を防ぐためには、行ったことのないコーナーにもあえて行ってみる必要があります。

専門書のコーナーを見て回るのは、本を探すためというよりも、「自分はこれほどにも本を読んでいなかった」と自覚するためにもいいものです。

医学の専門書コーナーに迷いこんでしまっても、もちろん買う必要はありません。しかし、医学書には、図鑑が多いので眺めるだけでも非常に面白いものです。そんなところでもわくわくするものがたくさんあるのです。

意表を突いて絵本のコーナーに行ってみるのもいい。絵本は僕も好きです。ベストセラーがロングセラーになるのが絵本ですから、重版を繰り返して百何刷の本とか、当たり前にあります（絵本作家の五味太郎さんなんか、印税という点で、もうむちゃくちゃうらやましい）。

こうした意外な世界に触れることが、本屋を歩く醍醐味の1つです。

いい書店は書店員次第

「1冊の本との出会いが自分を変える」というのは事実です。

どんな本を読むかという判断の積み重ねで、自分という人間が形成されていくわけですから、本を選ぶという作業をあだやおろそかにしてはなりません。

ではその本を選ぶ作業がいったいどこで行われるかというと、たいていは書店の店頭です。でもその書店がどんな本を仕入れて、どの本を目立つ場所に置き、どの本にポップを立てたりワゴンに積んだりして大プッシュするかによって、お客さんの手に取る本は激しく左右されます。

ということは、**本を選ぶのと同じくらい、本屋選びも重要**だということです。

もちろん今はインターネット書店のアマゾンがありますから、アマゾンが購入履歴から機械的に判断してプッシュしてくるおススメをもとに選んでもいい。しかしそれでは、過去の自分をなぞるだけなので、あまり幅が広がりません。

今まで読んだことのないジャンルの本、**全然知らない世界の本と知り合うためには、やはり、リアル書店をぶらぶら歩いて探すのがいちばんいい。**

それには物理的に大きくて床面積の広い書店は、在庫している本の数も多くあり、存分に楽しめるでしょう。

確かに大型書店に行くのは手っ取り早いのですが、その一方で、もちろん町の本屋さんの中にも、店主がちゃんと目利きをして、各ジャンルの優れた本を少数精鋭で仕入れてくれているところもあります。

小さいけれど品揃えが絶妙な店というのは、時間がないときにパッと入っても、店内をひと巡りするだけで買いたい本が4~5冊すぐに見つかります。大型書店を何時間もさまようよりは、時間の節約になるのがいいところ。

だからこそ、しっかりと本を読んで、自分の扱っている商品について詳しい書店員さんのいる店に行くことは非常に大切です。いい書店員さんは必ず自分でも本を読んでいますから、単に出版社や取次（流通業者）のプッシュする売れ筋だけを入荷するのではなく、自分でいいと思った本を並べていきます。すると書店も非常に個性的な、いわばセレクトショップのような趣を呈するようになってきます。

では、書店の担当者が本を読んでいるかどうかを、どうやって見分けるか。

それは売り場の本棚を見ればすぐにわかります。棚に個人の嗜好が反映されているかどうか。つまり**偏見があるか**どうかということです。

ベストセラーがなぜか前面に押し出されていない、なぜかランキングに載っていない本がプッシュされている、というように品揃えに個性があれば、それはその棚の担当者に個性があることを意味します。そうでないと取次が見繕って送ってくるセットを並べるだけの棚になりがちです。

確かに、「具体的にこの本を買いたい」という書名がわかっているなら、アマゾンでクリックしたほうが在庫があるのは確実ですし、配送料も無料です。

しかし、たとえ交通費と時間をかけたとしても、**「偶然の出会い」という貴重なきっかけを得るために書店に足を運ぶのは、コストを超えた無限の価値があるのです。**

本屋でできる、贅沢な休日の過ごし方

本と付き合うということは、頭脳を使う行為だと思われています。確かにその通りですが、実はかなり肉体的な行為でもあるのをご存じでしょうか。

本を持ち運ぶときの重さに往生することはしょっちゅうですし、本棚を整理するたびに生傷をつくってしまうこともあります。また「これ」という1冊を追い求めて本屋をぐるぐる歩くのも、なかなか体力を使うことではあります。

それならあらかじめ「今日はこれを買う」と決め、書名をメモして行けばいいじゃないかと思うかもしれませんが、それでは今日の夕飯の食材をスーパーに買いに行くのと同じ。それならアマゾンで頼んだほうが時間短縮になるでしょう。

書店で買い物をするのは至福のときでもありますが、肉体的に疲労するのも事実。疲れているときなどは、「ネットでワンクリックで買ってしまおうか」という誘惑にかられることもなくもないのですが、でもやはり**自分の足で書店を歩き回り、自分に見つけられるのを待っている1冊の本を見つけるという作業が、楽しくて楽しくて仕方ない。**

僕は基本的に、1日中書店にいるのも苦になりません。そういう人は本好きなら少なくないでしょう。書店側も、椅子を置いて座り読みできるなど、最近は長時間の滞在をしやすくしています。店内にスターバックスなどカフェのある店も増えています。

そこで買ったばかりの本をさっそく読んでいると、気づけばとっぷりと日が暮れているなんてこともザラです。こんなふうに、**「今日は書店だけにいる」と決めて実行するのは、かなり有意義な休日の過ごし方**でしょう。

「今日はあの本とあの本を買おう」というように目当ての本があって、それを買うために書店に行ってももちろんいいのですが、**「今日は何かいい本があるかな」というふわふわした気分を抱えて行くほうが、リアル書店に行く意味があります。**逆に読者は、書店で見つけた本をアマゾンで注文し直すことはしてほしくない。それはその場で買うのが、そんな魅力的な本と自分を引き合わせてくれた書店に対するマナーでしょう。

アマゾンの評価を真に受けるな

インターネット書店のアマゾンには、読者が読後の感想を投稿できる「レビュー」があることで有名です。星1つは最低でつまらない。星5つは最高、というように、星の数をつけて、自由にコメントを投稿できるようになっています。

レビューで評判を確認してから買うかどうかを決断するという人も多いでしょう。いい本を読みたいと思うからこそ、いろいろな人の意見を知ろうとするのでしょうが、ところがこれはまったくの逆効果です。**アマゾンのレビューを鵜呑みにしていては、優れた本と出会うための貴重な機会を逃すことになります**。

なぜなら、今やアマゾンの評価はまったくあてにならないからです。

アマゾンが日本に上陸して間もないころは、利用者もそれほど多くなく、一部の本好きが読後感を投稿する程度だったのですが、利用者が拡大するにつれ、レビューの質が荒れてくるようになりました。

「この投稿者は、明らかにこの本を読んでいないけれど、この著者が嫌いだな。だから星1つをつけて、こき下ろしているんだろう」

という例があまりに多く見られます。少なくともその本を読んだ人が見れば、評者がちゃんと読んだか、それとも読まないで書いているかは、すぐわかります。

アマゾンもそのあたりは気にかけているようで、いちばんひどいレビューと、いちばん太鼓持ちなレビューは、削除した上で平均を出すようになりました。ただ、そこまでするのはよほど売れていて、レビューの数が何百とあるような本に限定しています。

もしもインターネットで本の評判を知りたいのであれば、実際に購入した人しかレビューできないようになっている楽天のほうが、レビューの質は高いといえるでしょう。

情報の質がいちばん高いのは、「本が好き!」、「ブクログ（Booklog）」など、書評やレビュー専門のサイトかもしれません。僕も書評ブログを書いているので手前味噌のようですが。

優秀な書店員は何が違うのか

先ほど「優秀な書店員とは、自分なりの偏見を持っている人だ」と述べました。ところがそのいい意味での偏見を持った書店員さんが、どうも最近は減ったような気がしてなりません。

手書きのポップがたくさん立っている書店があります。そういうのを見ると僕は、「おっ、熱心な担当者がいるじゃないか。どんなコメントが書いてあるのかな」と嬉しくなって、読んでみます。しかしポップに書いてあることは、わざわざ書くほどでもない当たり障りのないことばかり、ということが最近多いのです。

またおオススメしている本の顔ぶれにしても、売れ行きのいい本の順位をそのまま反映させただけではないか、という店が見受けられます。これではわざわざ書店に来た甲斐がありません。

偏見というと世間一般ではいけないものであって、捨てなくてはならないようなことのようにいわれますが、実はその人ならではの個性をつくるために、なくてはならないものでもあります。偏見は捨てるのではなく、育てなければならない。

書店員さんに偏見がないと困るのはもちろんですが、一方で読者のほうにも偏見がないといけません。

世の中に出たとき、社会はどんな人を重宝するか、考えてみてください。ありふれた、誰にでもできることしかできない人は重宝がられません。当然、その人にしかできないことを持っている人のほうが重要視されるでしょう。だとすれば重宝がられるのは、ベストセラーを満遍なく全部読んでいる人ではありません。

「この分野は全部読んだけれど、他の分野は存在すら知らない」という人のほうが貴重なのです。

僕の持論は「いろいろなジャンルを貪欲に読むべし」というものですが、それでもおのずと「自分はこのジャンルに詳しい」という個性はどうしても出てきます。

ベストセラーを読んだことがある人と、初版2000部の学術書を読み込んだ人とでは、どちらが希少性があるかといえば、後者であることはいうまでもありません。

第一、みんなが読んでいる本を読んでいれば、人と同じ発想しかできません。でも**どこか突出した部分が1箇所でもある人、尖っているところのある人は、人と違う発想をする。だからこそ価値があるのです。**

したがって偏見とは自分の嗜好の財産に他なりません。日本は他人と横並びであること、あまり個性を主張しないことを尊ぶ文化がありますが、これからは人と違う、どこか尖ったところがあれば、それだけで食って行けるくらいに思ったほうがいい。

もっとも「自分はどの分野で尖ろうかな」と決められるものでもありません。気がついたら、その分野で秀でていたという結果論になります。

したがって自分で自分の偏見を育てようとするなら、「売れているからこの本がいい」というような選び方ではなく、**「誰もこの本を読んでないだろうけど、自分だけは読もうかな」**という選び方をすべきでしょう。

偏見を貯めよう

偏見が悪いものだという先入観が払拭できないという人のために、もう少し偏見について語ってみましょう。言葉遊びのようですが、「偏見が悪いものだ」という意見ですら、偏見であることに気づいてください。

アインシュタインは「常識」を何と定義したか、ご存じですか？

「18歳までに得た偏見」です。

教養を積んでいくということは、自分にとってどれだけ良質の偏見を得られるかというゲームです。

それに人間の偏見とは、脳の思考レベルでなく、肉体のレベルの現象であるということがわかっています。

たとえば「錯視」といって、止まっているものが動いて見えたり、平面に書かれたものが立体に見えたりすることがあります。これは、人間の目が悪いからではありません。目ではちゃんとその映像をありのままに捉えているのですが、脳が思い込みから自由になれず、「こういうものであるに違いない」というふうに、脳で映像を結んでしまうのです。それくらい、人間は偏見を持たずにはいられない生き物なのです。

そして、**ほとんどの偏見は、人生にとって有益なもの**です。

たとえば今まで知らなかったものごとに出会った場合、いちいち検証していたら判断に時間がかかってしょうがない。でも偏見があれば、即座に「ああ、あれね」と理解できる。常識や偏見は、人生でいちばん大事なもの、つまり時間を節約してくれます。

もし、錯視のように遺伝子に刻まれた偏見や、幼いころから18歳までに得た偏見というものがなかったら、おそらく僕たちの人生は、ものすごく簡単なことを見つけるためだけに費やされてしまうでしょう。死ぬ間際になって遠近法を発見して、奥ゆきのある絵が描けるようになるようなものです。遠近法などは教えれば小学生でも描けるようになるのに。

しかし、確かに偏見は、ときどき間違った判断をしてしまいます。だから偏見はよくないというい方をするわけなのですが、でもそれに気がつくことができれば、何の問題もありません。

クレイトン・クリステンセンは『イノベーションのジレンマ』（翔泳社）の中で、「過去に蓄積された常識が組織を次第に蝕んでいく」と主張しています。間違った偏見を持ち続けることで、だんだん時代遅れになる、ということです。

でも実際は、過去の常識の蓄積が組織を蝕んでいくということの実態は、年寄りが若者に負けていくという過程にすぎません。優れたものが勝ち、劣ったものが負ける優勝劣敗は、負かされる側としてはみじめなものですが、世の中全体として見ればいいことであり、自然なことです。

このように、本は「自分の偏見が悪い方向へ進んでいっているな」と気づかせてくれる重要なツールでもあります。

いい偏見を養うためには、逆説的ですが、最初のうちは、なるべくいろいろなものをつまみ食いしてみるべきです。自分に向いた偏見は、自分にしかわかりません。

何を買うかより、「何円分」買うか

僕が今までいちばん大量に本を買っていた全盛期は、**大型書店に1回行くと、5万円ぐらい使っていました**。

今は先にも述べたように、毎日、出版社から大量の献本が送られてきますし、蔵書も学校の図書室くらいに増えていますので、収容力のことを考えると、新しい本を買うのは控えめにせざるを得ません。

僕は買った本を読まずに積んでおく、「積《つ》ん読《どく》」というのができないタイプで、**本は買ってきたその日にすぐ読んでしまいます**。単に読むのが速いからですが、買ってきた本はすぐ読みたい。どうして世の中の人はせっかく買ってきた本をすぐ読まず、後のお楽しみにとっておけるのか、不思議なくらいです。

書店で本を大量に買うと無料配送してもらえるサービスもあるのですが、それだと家に帰ってきてすぐ読めないのが辛い。

余談ですが、僕は本を読むのがすごく速くて、金額的に1万円分くらいの本なら、2時間ほどで読んでしまいます。こういうとすごく驚かれて、「どうしてそんなに速く読めるんですか?」と聞かれるのですが、自分なりに考えてみた結果、こんな仮説を立てています。

世の中には大食いを特技とする人たちがいるでしょう。そもそもそういう人たちは、ふつうの人と体の機能が違います。彼らはあれだけ食べるのに、誰も肥満体の人がいません。彼らは一般の人より並外れて消化力がいいのです。

おそらく僕は、本に関して並外れて消化力のいい体質を持っているのでしょう。「そんなに速く読んで、本当に内容が頭に入っているんですか?」と聞かれることもあるのですが、大食いの人の胃袋と同じく、きちんと入ってます。

でもそのせいで、本代はかかります。大食いの人たちは食費が大変だといいますが、僕は本代がかかります。

でもこの本の読者にも、「本代は惜しむな」ということは念を押しておきます。

僕くらい買うのはちょっとやりすぎだとしても、本にお金を使えば、その分のもとは簡単にとれるし、むしろ何倍にもなって返ってきます。**本を読めば知恵がつく。そしてその知恵に、客がつく。**そうすれば本代など莫大な利子がついて戻ってきます。

それでも今までの習慣がなかなか抜けず、どうしてもいじましい本の買い方しかできないという人もいるでしょう。

そういう人は、**まず書店に行く前に予算を決め、きっちりとその金額分買ってみること**です。たとえば「今日は3万円以上、本を買う」と決めて、それを達成するまでは帰らないと決める。

何を買うのかは、決めなくてかまいません。金額も、人によっては5万円だっていいし、10万円でもいい。**ポイントは「何万円以下」ではなくて「何万円以上」にすること**です。この金額だけは絶対に買うと決めること。

なぜそうすることが大事かというと、人間は使ったお金の元は取りたいものだからです。たとえば3万円となれば、これは決して安い金額ではありません。それをムダにするわけにはいかない。そう思えば、買ってきた本は必ず読むようになります。

しかし誰だって予算は底なしというわけではないので、実際のところは1万円を少し上回るくらいの金額が現実的でしょうか。

「1万円を使い切るまでは、絶対に書店から出ちゃいけない」と決めて本を選ぶのは楽しいものです。

高価な専門書を選べばそれ1冊だけで1万円オーバー、ということもありますが、それはそれでかまいません。反対に、文庫や漫画ならば1万円あれば20冊くらい買うことができます。あるいは1500円の単行本5冊と、500円の文庫本5冊というように、値段によって欲しい本を組み合わせることもできる。

これは何かに似ています。そう、子どものころ、遠足の前の日に、遠足に持って行くお菓子を買うのと同じ。「おやつは500円以内」と先生にいわれたら、その枠内でどれだけ充実した買い物ができるか、知恵をしぼったでしょう（僕もそれくらいの年頃にはまだ学校に行ってたはずです）。

そんなふうに全身でワクワクしながら、本屋に足を運んでみてください。

貯金する金があったら、本につぎ込もう

本を買うときの話をもう少し続けましょう。前項で、「1回にたとえば3万円以上買うと決めて買え」といいました。そのとき、もう1つコツがあります。

それは、**次に書店に来るまでに、読み切れる量を買う**ということです。本を買いに来るのが月1回ならば、1カ月で読み切れる量に調整したほうがいい。そのほうが、次に本を選ぶときの楽しさが違います。

1万円を使い切るというと、ついつい単価の安い新書や文庫を大量買いしたほうがお得感が増すように思えるものですが、**実は最初のうちは、高額な本を少し買うのがおすすめです。** 冊数が少なくなりますから、無理なプレッシャーがかかることなく、ゆっくり1冊の本と向き合うことができる。

「そんな高い本なんか買えない」「高い本なんか買ってもムダ」という反論もあるでしょう。

しかし、そもそも読書は投資だと考えればどうでしょう。投資だとすれば、元手をかければかけるほど、多く戻ってくるのが道理です。

本は投資の中でも、極めて効率のいいものです。本を読む人は、自分のお金を全部本代につぎ込んでしまって、貧乏人であるかのような印象がありますが、実際のところは高収入の方が多い。

一説によれば、高額所得者のほうがたくさん本を読んでいるといいます。一方、生活の貧しい人たちはまったく本を読まないで、携帯ばかりいじっています。

本を読むからお金持ちになるのか、お金持ちだから本を読むのかわかりませんが、因果関係は確実にある、というのが僕の考えです。

なぜ、本を読んでいると、お金が稼げるようになるのでしょうか。確かに、知的レベルが上がると、それだけ就職のときに有利になるということも、なきにしもあらず。

しかし本当の理由は、**本を読めばそれだけ多くの着想を得られるからです。多くの着**

想を得られれば、それだけ稼ぐチャンスも増えます。

着想の豊かな人は、人が思いつかないようなことを思いつきます。もちろんビジネスを成功させるには、アイデアだけでなく、それを形にすることが必要ですが、着想が豊かであれば、その実行の方法も、より適した方法を思いつくことができる。だから成功率が高まるのです。

だから**20代のうちは、貯金するカネがあったらその分本を買ったほうがトク**です。本を読み自分の能力を高めることによって、30代、40代で何倍ものリターンが返ってきます。それこそが、自分で自分を救うしくみの最たるものです。

本は、できるだけ若いうちに読むほうがいい。それもできるだけたくさん。

若いうちに本を読んでおくメリットは2つあります。

まず、読書体験がより新鮮です。1冊目の本と1万1冊目の本は、絶対同じように読めません。まだ本を読むのに慣れていない人がその本を読むのと、僕が読むのとでは読み方が違います。

僕はときどき、若い人をうらやましいと思うことがあります。たとえば僕が30代のころに刊行されて、非常に感銘を受けた本があるとします。もしその本を僕が10代の多感なころに読んでいたら、きっと30代のころに読んだよりもずっと感動は深かったに違いない。そう思うと、**「まだこの本を読んだことがないなんて、なんてうらやましいんだろう」**という気になるのです。

若いころは感受性が豊かなので、本当に深くその本の世界に沈んでいくことができます。若い日に読んだ本の影響で、人格すら形成されてしまうことも珍しくありません。

こういうと「あまり若いうちから人格がひねくれるような本は、読まないほうがいいですか」という質問をされることがありますが、偏見こそ大いに育てるべきです。人に「ひねくれている」といわれるくらいでないと社会で認められません。僕という人間も、偏見を買われています。

もし僕がベストセラー本ばかり読み、年間たかだか1000冊しか読んでいないとなれば、こういう本は書けませんし、誰も書評ブログを読みに来てはくれないでしょう。

そのためには、いい大人になってから読みはじめるよりも、まだ感受性が固まっていない若いころから、いろいろな本をたくさん読むべきなのです。

本を読まずに、チャレンジなどできない

本を読むとなぜ着想が豊かになるのでしょうか。

本とは、さまざまな論理の積み重ねから構成されていますから、たくさんの本を読めば読むほど、バラエティに富んだ思考パターンが頭に自然と蓄積されます。だから何か**問題にぶつかったり、うまくいかないことがあったりしても、ひねり出せる代案が自ずと増える**ことになります。

その一方、読書によって蓄積された思考パターンは、あくまでも本の著者の体験をなぞった疑似体験にすぎないのも事実です。そのために「頭でっかち」とか、「机上の空論」などと批判されることがあります。

しかし人を「頭でっかち」とか「机上の空論」と揶揄する人たちが、より優れた代案

を出す場面に僕は1度もお目にかかったことがないのも厳然たる事実です。

机上の空論は、机上だけで終わらせてしまうから机上の空論なのであって、実際にやってみれば、それは立派な「実践的な知」になります。**スタートは机上の空論であっても、そこからスタートして実践的な経験知にすればいい**。

しかし机上の空論すらない人には、そのスタートさえ切れません。この差は実に大きい。

読書の習慣のある人は、新しいジャンルの仕事に取りかかるとき、その分野に関する本を読みあさります。自分で答えを出した上で、他のプロはどうしているかと検証しながら読んでいくわけです。

もちろん本に答えが書いてあるとは限りません。しかし、

「このことについては、さんざんいろいろな本を読んで調べたけれど、それでも書いていなかった。だからこそ、やってみよう」

と、自分の中でチャレンジする動機づけもできます。

実際問題として、現代において何か新しいことをはじめるとき、過去に似たような前

例があるかないかは、調べないわけにはいきません。たとえ自分のオリジナルなアイデアであっても、それをもうすでに他の人が思いついて、実現されていたとしたら、それは必ず知識として持っておく必要があります。

それなのに「本を読んだって役に立たない。やってみなければわからない」という自称実践派の人は後を絶ちません。

確かに本を読むより体で覚えたほうが早いものもあります。たとえば自転車の乗り方のように、今でもうまく言語化できない知識は少なくありません。

その手のことは、それこそ「自転車の乗り方」などという文章を読んで想像するより、膝をすりむきながらでも、実際に自転車に乗ってみたほうが早いでしょう。けれどもそれ以外のたいていのものは、ウェブページや、あるいはより体系化された本から知識を仕入れることがすべてのスタートになります。

知識を得るための一連の作業は、本が好き・嫌いという問題ではすでになく、現代を生きる人には避けられないことなのです。

その点、今の学校では逆を教えています。

「本を参考にして何かをする」ことは、まるでズルをすることであるかのように捉えられています。

学校では、テストのときに教科書を見てはいけないことになっています。何も参照しない素の状態で、脳みその中の知識だけでやり繰りできる人が、成績が高いことにされてしまう。しかしこれは単に暗記力を試しているだけです。

社会に出れば、いかに適切に参考文献を探し出し、自分や会社にとって役立つところを引用できるかが勝負になってきます。

大人の仕事の能力とは、いかに適切に引用できるかにかかっています。そのためにはある程度以上の読書量が絶対に必要不可欠です。

それにもしこれから実行しようとしているアイデアが自分の考えでなければ、「オリジナルがどこにあって、オリジナルではこういうふうになっている」という点をきちんと書かなければ、「剽窃《ひょうせつ》」になってしまう。

情報化社会だからこそ、参考文献を読みこなす能力が昔よりも強く求められるようになっているのです。

Danが目利きの書店員さんに聞いてみた 人生をあと押ししてくれたこの一冊

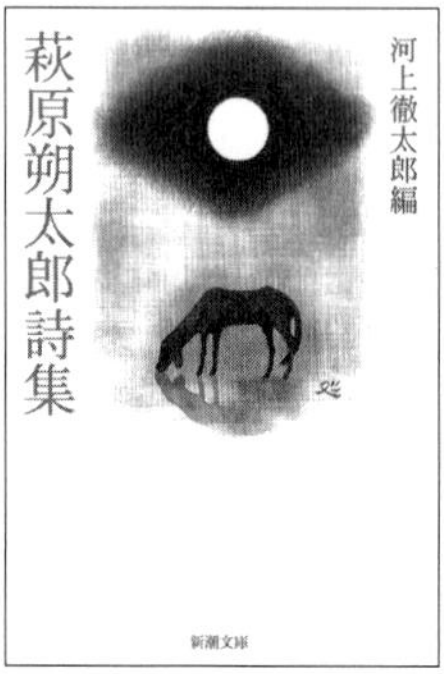

ブックス・ルーエ
花本 武さん

『萩原朔太郎詩集』
河上徹太郎編／新潮文庫

“ネガティブ”な言葉に宿る圧倒的な力

詩というと近寄りがたい印象がありますが、ある意味最も“実用的”。さくっと読めて、一生モノの言葉に出会うことができます。この本は、私の仕事や趣味の幅を広げ、多くの人と出会うきっかけにもなりました。自分の内側にある暗い欲望と向き合い続けた、作家の荒涼とした内面を覗いてみてください。

花本さんが語る 本のチカラ 人との思わぬ縁をつくる 不思議な媒介

MARUZEN＆ジュンク堂書店渋谷店
勝間 準さん

『コンビニたそがれ堂』
村山早紀／ポプラ文庫ピュアフル

疲れた心にしみる、ほっこりした短編集

大事な探しものがある人が迷い込む不思議なコンビニ「たそがれ堂」。好きな女の子と離ればなれになった少年、死期の近い猫、もうすぐ捨てられそうなテレビ……。登場人物たちには切ない別れとそして温かい再会が待ち受けます。心が荒んでいると感じたときに、ぜひ手に取ってみてください。

勝間さんが語る 本のチカラ 読んだらすぐ影響を受けてしまう 唯一無二の“感染力”

CHAPTER 4

アウトプットすれば
知恵はもっと
身につく

財産としての本

僕は本を捨てるのが下手です。そもそも僕は、モノとしての本との付き合い方が非常に貧乏くさいところがあります。

まず付箋を貼らない。赤線を引いたり、書き込んだりもしません。ページを折るのも嫌いです。これはどう考えても、10代のころ、書き込みを許されない図書館の本ばかり読んできたことの名残です。

こういった意識は、**本は貴重なものである**というところから出発しています。今まで「本を神聖視するな」とか「もっとカジュアルに付き合え」などと書いてきましたが、僕の意識の奥底には、「本は貴重品」という意識が抜きがたくあります。

だから本当に肌に合わない本はともかく、読まなくなった本でも、基本的にそれほどバサバサ捨てられません。出版社にとってこういう人は嬉しい存在だと思うかもしれません が、実際はそうでもありません。

商品としてという意味ですが、出版社にとって本来最も嬉しいのは、読んだ本のほとんどをそのまま捨てて、そしてまた新しい本を買ってくれる人です。

でも実際のところ、本当に本が好きでなおかつ十分な容量の本棚を持っているという人はいません。まともな本好きであれば、必ず本はあふれるようになっているものです。

最初は枕元に積んでおいた本がこれ以上積めないほどの高さになって、仕方がないから本棚を買う。今度はその本棚があふれる。その繰り返しに厭気《いやけ》がさして、もう都内ではあり得ないような広い物件に、あり得ないような本棚を立てつけても、必ずあふれるハメになる。

物理学者は「エントロピーは増大する」といってますが、これは簡単にいえば無秩序な状態はどんどんその度合いを深めていくという意味です。うんざりしながら本を片づけていると、よくこの言葉が脳裏をよぎりますが、まさにその通り。

それでも本を所有することには大きな意味があります。**本を借りるのではなく、買う**

ことの良さは、内容を忘れてもまた読み返せるという点にあります。

この本に書いてあることを、時間内に読み切らなければいけないという強迫観念からフリーになれるのは素晴らしいことです。

逆に心にも残らないものは（捨てられない反省を込めていいますが）、ぼんぼん捨ててください。

記憶するのは「大体こんな感じ」で十分。「確か、この辺」とあたりをつけて、そのページに行くと具体的な言葉が書いてある、というくらいでいい。その具体的な言葉を暗唱できるぐらい覚えてしまったら、その本はもう手放していいかもしれません。

読書とはダウンロードではありません。ダウンロードとは百人一首を全部覚えてしまうようなことです。むしろ読書とは、グーグルなどがやっている indexing に近い行為です。一字一句覚えているわけではないけれど、「こんな感じのことが、この辺に出てきた」というような**目次が脳内にできあがる**ということに近い。したがって本そのものというよりは、インデックスを入れておいて、具体的な言葉を引用したかったら検索し直せばいいのです。

本棚にどう並べるか

いつも僕はこれから本格的に本を読むという若い人には、「まず本棚を買え」とアドバイスします。まだ冊数の少ないうちは、それで何の不自由もありません。端から順番に並べていけばいいだけです。倒れないように、ブックエンドで支えたりしているうちはまだまだ余裕があります。

しかしだんだん冊数が増えてくると、ひと目でどこに何があるかが見渡せなくなってきます。すると「あの本、読み返したいな」というとき、すぐに見つからないというストレスを抱えることになってしまう。

こうなると、本をどう分類して本棚に並べるかという問題は、なかなか切実な問題になってきます。

僕の場合は、四六版、新書版、文庫版といった判型で分けています。並べやすいようにしているというだけであって、見つけやすいように並べるということはしていません。**新書のようにカバーデザインが統一されているものは、出版社でも分けています。**さすがに新書の通し番号で整理することまではしていません。そうできればいいのですが、僕は整理魔でも何でもないのでこのあたりが限界のようです。

それでも必要になったら「だいたいこの辺」という感じで、探し出せるものです。

しかし世の中にはマメな人がいるもので、エクセルで蔵書リストをつくって棚番号を書いておく、というような図書館顔負けの管理方法を実行している人もいる。

あるいは著者、または書名のアイウエオ順、またはアルファベット順で並べるという人もいます。しかしこれは本の判型がまちまちになってしまうのが難点です。それに読み終わった本を戻すときも注意深く戻さないと、順番が狂ってしまう。

結局、どのような本の収納方法がベストなのでしょうか。

おそらくいちばん有効な方法は、**「超・整理法」**を本にも適用すること。野口悠紀雄《のぐちゆきお》さんが中公新書から出したベストセラー『「超」整理法』は、**書類は整理をせず単純に時系**

列に並べるのがいい、ということを説いています。ルールは最近使ったものを、最も手に近いところに置くということだけ。

これはコンピュータの最も基本的な記憶処理の「スタック」という方法と同じです。一切整理せず、過去のものはそのまま後ろに追いやる。過去のものを検索して使ったら、今度はそれがいちばん手前に来る。

こうすると、よく使うものが手元に来るので合理的です。そして、この棚からはみ出たら、もう問答無用で処分することにしてしまえばいい。

僕は最初にこの方法を知ったとき、「何だ、コンピュータプログラムと同じじゃないか」と思ったのですが、それを現実の世界に応用したのが著者の偉いところです。

ただし唯一の難点は、これを本棚でやるとなると、本の大きさがバラバラになってしまうこと。ジャンルも著者もバラバラな本が、まったく無秩序に棚に並んでいる状態は、相当見苦しいものです。

「超・整理法」を本に応用するとすれば、あくまで機能重視の整理法といえるでしょうが、もし棚の制限がある場合はこの方法を薦めています。

自分から「こんな本を読んだ」と発信していく

何のために本を読むかといえば、究極の目的は自分で自分を救うしくみをつくるためですが、その1つとして**「自分で何かを発言できるようになるため」**という明確な目的があります。

「ひたすら黙って読むのが好き」という人も多いでしょう。

もちろんそれもアリなのかもしれませんが、ただ、その行為を突き詰めると、テレビをずっと見ているのと何が違うのでしょうか。

いつもいうように、本や知識は循環させることが大事です。何かを出すことで新しいものが入る隙間ができます。脳に入れた情報は、今度は発信していかないとどんどん詰まっていきます。

だから**ブログやTwitter、Facebookなどで「こんな本を読んだ」と発信することは、自分の意見をいうためのいいトレーニング**になるのです。

SNS(ソーシャル・ネットワーキング・サービス)上でのやりとりは、本を読んだ人がどういうふうに成長していくのかを観察する場として最適です。たくさん本を読んでいる人は、3年、5年経つうちに、必ずひとかどの人物になる。その人がどんな人生を送っているかは、SNSを追っていれば雰囲気だけでもわかるでしょう。

本を読むということは、自分を読むということです。本が鏡になって今の等身大の自分を照らしてくれる。情報量が足りない部分は、自分の経験なり、記憶なり、想像力なりで補ってやらなければいけない。だからこそ自分がわかるのです。

なぜテレビを見ても自分が見えないかというと、テレビは情報が多すぎるから。実際にブルーレイなどは何十ギガバイトもありますが、これは文字の本であれば、うちの本棚にある本が全部入って余りある量です。

本に照らされた自分の姿を、記録を兼ねて発信していくと、数年後には自分の成長ぶりもよくわかるでしょう。

読んだ本は記録しよう

自分がどんな本を読んできたか、記録することも読書の楽しみの1つかもしれません。記録にはいろいろな方法がありますが、代表的なのは「読書ノート」をつくることでしょうか。僕は読書ノートはつくっていませんが、一部の人はタイトル、出版社名、著者名、読了した年月日などに加え、あらすじや梗概を書いて役立てている人もいます。

僕の場合、強いていえば自分のブログが読書ノートの代わりです。僕の本棚がお世辞にもきれいとはいえない状態のように、頭の中も、ある程度秩序が崩れているほうが心地いいのです。ブログも、本そのものについて書いてあるというよりも、その本を読んで自分が考えたことを書いているので、あまりいい要約にはなっていません。本に書いてあることなんて、「そんなの実際に読めばいいじゃん」というのが、僕の立場です。

ブログのよさは、**検索すれば出てくるところ**です。

「過去に俺はこんなことをいったはずだ」と検索をかけると、即座に表示される。記録するならデジタルツールに軍配が上がるでしょう。

ノートに手書きしなくても、今は便利な道具がたくさんあります。Twitter、Facebookでメモ代わりに書き留めてもいいでしょう。

また**「ブクログ本棚登録」**などのウェブサービスを使えば、本の画像つきで自分のページがすぐにつくれますし、アマゾンとのリンクもすぐにできます。ＳＮＳと連動しているものもあります。

「この本を読みたい」と思ったら、それをメモするなど備忘録としても使えます。

このようにデジタルのほうが何かと便利ですが、ノートにつけることで、達成感は増すかもしれません。

デジタルにしろ、アナログにしろ、記録が１００冊、２００冊くらいになれば、「自分はこんな本を読んでいる」という傾向や嗜好のデータが取り出せ、自分を知るための貴重な情報になることでしょう。

読書感想文は100年早い

「学生時代、読書感想文が得意だった」という人に未だにお目にかかったことがありません。せっかく面白い本を読んでも、その感想を強制されるせいで、読書自体が嫌いになってしまったという人は驚くほど多いのです。

読書感想文は本当に難しいものです。今僕は書評ブログを書いていますが、1冊の本の本質を的確に見抜き、短い言葉で表現するということは実に至難の業です。そんな難しいことを子どもにやらせるなんてとんでもない。

僕よりも本の売り上げを上げるような書評を書ける自信があったら書けといいたい。といいながら僕は半人前の文章をだらだらとブログで流していて赤面の毎日ではあるのですが、それでも僕が紹介した本をブログの読者が買ってくれて、役に立ったという報告が上がっているということは、及第ではあるのでしょう。そう思って自分を慰めています。

このように、学校教育の悪しき慣例が読書感想文です。

次にお話しするように、教育の現場ではもっと若いうちから論理的な文章を書かせなければいけないのに、読書感想文ばかり大量に書かせて、プライオリティが間違っています。

社会人として、いちばん日本語力を問われるのはいつでしょうか。

それは、**報告書を書くとき**。これは最低限のスキルです。

今の国語教育では、こういう文章を書く機会がまるでありません。旅行記や感想等は書かせるのですが、論文を書かせない。

自分の気持ちを妙に凝った美文で書くことが教育では求められますが、そんなことばかりしているから文章を書くことに苦手意識を持ってしまうのです。

これが社会に出ると一転して、自分の気持ちなどを文章で発表する機会は一切なくなります。インターネットなどで私的に発信する機会は増えているかもしれませんが、それを人から求められて書く機会は、それこそプロにでもならない限り、ない。

社会人として、**いつ、どこで、何を、どうしたか事実を報告する文章くらいは、目をつぶってでも書けるようでなければならない**。でもそういう訓練を僕たちは全然受けていません。

誰がなんといおうと確実な事実だけを、しかし必要なことは細大漏らさず論理的に書くことができれば、それだけで生きていけます。いわゆる5W1Hのある文章です。

僕が某社の某CTOとして最初に教えたのは、始末書の書き方です。何しろ試しに書かせたら、「ごめんなさい」しか書いてない。なぜ「ごめんなさい」する必要になったのか、つまり「始」「末」が入ってない。「これくらい学校で教えんかい」と一納税者として嘆かずにいられませんでした。

報告書の基本とは、まず自分がいつ、どこで、何をしたのかを書く。問題があれば、何がまずかったのか。事後策はどうすればいいのか。自分が客だとしたら、何を知りたいのか。そういうところが抜けています。

もしあなたが本の感想を発信しようとしていたら、うまく書くコツも実は、この考え方にあります。

読書ブログのはじめ方

「自分でも読書ブログをはじめてみよう」という人もいると思います。

しかし出鼻をくじくようですが、書評ブログの先輩としていわせてもらえれば、もしアフィリエイトなどでお金を稼ぐのが目的なら、たぶんやっても儲かりません。

同じ本について書いたのであれば著名なブロガーの書いたブログのほうが、検索したときたいてい上位に表示されるからです。

そうなればみんなページを下までスクロールする手間を省いて、彼らのブログを見に来ますから、僕より後からはじめた無名の人のブログは、あまり見てもらえないということになります。

しかし金銭的な目的でなく、あくまでも個人的な趣味でブログを書くのであれば、本ほど格好の素材はありません。

すでに読書の習慣のある人であれば、読んだ本の感想については、誰かに伝えたくなるでしょうし、それがブログを続けるモチベーションにもなります。

ただし、先に述べたように読書感想文というものは、ちゃんと書こうとするとかなり難しいものです。だから本来は、そんなものを小学生に書かせようとするのは10年早い、いや20年早いわといわせて頂きましょう。

これから読書ブログをはじめる人も、本の紹介というものは真剣に取り組むとかなり難しいということを覚悟しておいてください。

ただし、自分の備忘録として使うだけとか、日記代わりにつけるだけという場合は、それほど難しく考える必要はないでしょう。

そういう場合は、日報の形式や、夏休みの日記帳などの型にはめてしまうのがいちばんいい。自分の文章をつくるということは、人の真似をしないとか、独創的な表現で書くとか、そういうことではありません。

いくら本という素材があるとはいえ、何もない、真っ白なところに一から文章を創作していくということは、なかなか大変です。しかし、**フォーマットを決めて、そこに要素を入れていけば、とりあえずそこそこ読める文章になります**。

こんなことをいうと、「そんなのつまらない」とか「個性が発揮できない」とか思われる方もいるでしょう。

大丈夫、こうした方法は自分の個性を殺すことにはなりません。

個性とは、「非個性的な代わりに、ものすごく役に立つこと」を真似して真似して真似して、それでもどうしても残ってしまう癖のことです。

とりあえず人がこうしろといった型は、自分の癖＝個性がわかるまでは続けたほうがいいでしょう。

これから書評ブログをはじめようという人は、**名文を書こうなどと思わずに、ただ淡々と事実を書けばいい**。

最近の読書ブログサービスの中には、フォームを設けてあるものも多くあります。書名を入力して、面白かったかどうか、星の数をつけられるようになっています。それらを入力するだけでも一応書くという行為ではあるでしょう。

ウェブで発信するコツ

SNSやブログで「こんな本を読んだ」と発信していくコツを伝授しましょう。最初のうちは、「私はこんなに気の利いた本を読んでいる」とみんなにわかってもらいたい、というような色気というか、野心を覚えるものですが、意気込みすぎると長続きしません。**まずはじめは備忘録と考えましょう。**最初のうちは備忘録を公開するだけ。それがいちばん続きやすい。

情報の要素としてはタイトル、著者名、簡単なあらすじがあればいい。でもそのあらすじを簡単にまとめるのは、ものすごい技能が必要です。それがきちんとできれば、お金になります。ただ、スキャンした画像をベタッと貼ってもダメです。それを読んだのは機械であって、自分ではない。何といってもそれは立派な著作権法違反でもあります。

感想は、書きません。繰り返しますが感想文は難しいからです。僕程度読み書きして、やっと少し感想文っぽく書けるようになったかな、というものです。ですから、**無理に面白さを伝えようとしなくてかまいません**。

面白いかどうか判断するのは、あなたのブログなりSNSの読者です。内容を要約すればいい。第一、面白さを伝えようというのは、ものすごく傲慢なことです。

誰かが見ていると思うと、見栄を張って難しそうな本を選んだりすることもあると思いますが、それも大変結構なこと。やさしい本ばかり読むより、よっぽど自分自身にとっていい刺激になります。

僕はどちらかというと、**ブログよりはFacebookやTwitterなどSNSのほうが読書に関する情報発信に向いている**ように思います。それは、「基本的に、知り合いの人だけが見ている」からです。

とはいえ厳密にはインターネットに書き込んだことは、世界中の誰にでも読めるようになっていると覚悟すべきですが、「こんな本を読んだ」ということくらい、誰に知られたってかまわないでしょう。

ですから、気楽にやりましょう。**まずは、気持ちは書かない**。気持ちを書こうと思うから気恥ずかしくなる。

最初は抄録でいいのです。次は自分なりに目次をつくり直してみる。または自分で帯の推薦文を書いてみる。僕がブログでやっていることは、それに近いかもしれません。

その意味では物語などフィクションより、ノンフィクションのほうが敷居が低い。フィクションを紹介するときには、ネタバレをどうするかという問題が、どうしてもつきまとってしまうからです。

それが漫画の紹介ともなると、さらに難しい。文章だけで絵の魅力を伝えるのは至難のワザです。『このマンガがすごい！』（宝島社）という、画期的なムックがありました。あれは作品の魅力を伝えるのに最もふさわしい決めゴマを厳選して、「これしかない」というひとコマを載せている。ああなるともう「芸」としかいいようがないわけです。

とりあえず最初のうちは、タイトル、著者名、出版社名、抄録だけでOK。そのうち文章を書くことに慣れれば、僕のように、今考えていることを紹介する枕として本を話題にするようなこともできるようになるでしょう。

人とつるんで読まなくていい

SNSをきっかけとして、盛んになされているのが、読書会です。「朝活読書会」「ビジネス書を語る会」「難読本をみんなで読んでみよう」みたいな会もあります。

でも**基本的に、本は1人で読むもの**です。

本のいいところはたくさんありますが、そのうちの1つは、セルフペースで読めるということです。自分で自分のペースを保つことができる。

本を読むのが苦手で、どうしても1人では最後まで読めない人が、そういう会に出るのには反対しませんが、少なくともまともに書かれた本なら、最初から最後まで読めるという教養をすでに持っている人がやることではないと思います。

でも単なる読書会ではなく、**難解な教科書を読む勉強会であれば大いに意味がありま
す。**それはもうある意味、授業と同じです。

実際にうちでやっていた勉強会では、難しい本をみんなで読んでいました。コンピュータ・サイエンティストの中では、古典中の古典である、『SICP（Structure and Interpretation of Computer Programs）』に載っている課題をみんなでノートパソコンを持ってきて少しずつやりました。2年半ぐらいかけてやったのでしょうか。この本は日本語版や参考解答が載っている教師用のアンチョコまで出ています。

逆にこのくらい難しくないと、みんなで集まって一斉に読む意味がありません。実際にリアルタイムで時間を使うわけですから。

こういってしは何ですけど、自己啓発本程度でやるものではありません（それはむしろ誰かの「この本を買わせよう」という魂胆によるものではないでしょうか）。

本について人と話すことで、発想が豊かになるという反論もあるでしょう。それはありますが、読書は根本的には個人的な行為です。

何だかんだいって、本を多く読む人は、人とずっと付き合っているのが苦手な人です。

人と会うというのが嫌いな非社交的な性格であるということではなく、読書という充実した1人の時間の使い方を知ってしまったあまり、四六時中誰かといるのが苦痛になってしまったというだけです。僕は**「皆さん、もっと孤独の時間を大切にしましょう」「堂々と孤独でありましょう」といいたい。**

それでいえば僕はSNSにずっとつきっきりになっているのも、テレビと同じか、あるいはそれ以上に害毒だと思っています。SNSこそ制限時間を決めてやるべきです。休肝日ではありませんが、たまにはつながらない日を設けたほうがいい。

どうしても中毒のようにSNSから抜けられないのだったら、いっそのこと3日間ぐらい徹夜して、ずっとオンラインのままドップリはまってみるといいのです。

僕自身もその手のコミュニケーションにドップリだったころがありますが、SNSができるよりずっと昔の話になってしまいます。

まだウェブがなかった学生のころ、ネットニュースという電子掲示板のようなものがあり、それに夢中になりました。だから今は平然と眺めていられます。「麻疹《はしか》は早くやっておいたほうがいいよね」ということです。

あっという間に人気作家になれる方法

読むだけには飽き足らず、これから本を書いてみたいという人へのメッセージとして、ぜひおススメしたいジャンルがあります。

それが、**伝記**です。

日本には意外といい伝記が少なく、題材となる人物も、よく知られている人に集中しています。たとえば日本の歴史上の人物であれば、ほとんど戦国時代の人に集中しており、織田信長、豊臣秀吉、徳川家康の3人ばかりが本になる。しかし、他にも面白い人はたくさんいます。

もしあなたが物書きとして成功したいのであれば、誰か知られざる歴史上の人物を捜し出し、光を当てた作品を書けばいい。伝記でもいいですし、歴史小説でもいいでしょう。1人でもそういう人を見つけられれば、もうそれだけで食べていけます。

司馬遼太郎は坂本龍馬を見つけて『竜馬がゆく』（文春文庫）という歴史小説を書いたおかげで、国民的作家といわれるまでになりました。

『竜馬がゆく』がヒットしたため、坂本龍馬という人物に対する評価まで、好意的なものになっています。でも僕にいわせれば、龍馬は口がうまい詐欺師（笑）。彼が詐欺師だったことは、「いろは丸事件」でも明らかです。

慶応3（1867）年、龍馬がいろは丸という船に乗っていたところ、瀬戸内海の宇《う》治島《じしま》沖で紀州藩の明光丸《めいこうまる》という軍艦と衝突し、沈没してしまいました。龍馬は「いろは丸の積み荷にはこれだけの金塊が載っていた」と主張して、国際法の知識を駆使して、それを紀州藩に賠償させました。

しかし2006年にいろは丸の残骸が引き上げられたところ、少なくとも龍馬がいうような積み荷は載っていなかったということが立証されています。

そして龍馬は33歳のとき、何者かによって暗殺されています。いくら現代と違って、若くして大事を為せる時代だったといっても、さすがに30代前半では、何か大きなことを任すにはまだ若い。龍馬本人が悪いというよりはそのような権威を持つ前に死んでしまった以上仕方がない、というのが正確でしょう。

勝海舟だって、西郷隆盛と江戸で会談したときは、若いといっても40代でした。大体それくらいの年齢でないと、世襲ではなく実力で権力を得ることはいつの時代も難しかったのです。

事実、坂本龍馬という名前は歴史の教科書にはほとんど出てこないでしょう。なぜなら重要人物ではないからです。しかし、裏を返せば、**無名の人物であったにもかかわらず、司馬遼太郎によって作品化されたことにより、多くの人を鼓舞し、長く読まれているという事実があります**。書き手として名を馳せられる可能性が、ここにあるのです。

このことは、江戸時代の囲碁棋士で天文学者だった渋川春海《しぶかわはるみ》を描いた歴史小説『天地明察』（角川書店）でも実証されています。

作者の冲方丁《うぶかたとう》はそれ以前にも、実力があるフィクションライターでした。しかし『天地明察』の前と後では扱いが全然違います。少なくともペンネームを〝うぶかた〟と正しく読まれるようになりました（笑）。

「この人を伝記で取り上げてほしいのに」という人は、他にもたくさんいます。
超有名どころから例を挙げれば、量子論を確立した物理学者、**マックス・プランク**。彼の業績は知られているわりに、伝記が書かれていない。アインシュタインと同じぐらい重要な物理学者なのですが、アインシュタインの伝記はもう洟《はな》をかんでもかみ切れないぐらい書かれているというのに、あまりにも寂しい。

しかもプランクは伝記を書かれるにふさわしいエピソードをたくさん持っている人です。たとえば彼の息子がヒットラーを暗殺しようとして、それに失敗して処刑されているなど、物理学に興味がない人でも惹かれる事件にことかきません。

でもいくら彼の人生が面白いからといって、これを1冊の本にまとめて『天地明察』くらい面白く書けるかどうかとなると、やはり書き手の力量が問われます。

伝記の面白さは、同世代を生きた他の歴史上の人物と主人公がからむところにもあります。『天地明察』には、水戸《みと》光圀《みつくに》が登場する。そういう人が出てくると、「ああ、あの時代だな」とピンと来ます。その手法をうまく身につけなければ、優れた伝記や歴史小説は書けません。

誰かこの人たちの人生を書いてくれ！

伝記を書こうとした場合、誰を選ぶかは最大のポイントです。面白い人物を選べれば、半分成功したようなものでしょう。

僕が思うに、まだ生きている人よりは、**もう亡くなった人のほうが、いい伝記が書けます。**書くほうにしても、書かれるほうにしても、生きている人の場合はいろいろと差し障りがあります。たとえどんな人でも書かれたくないことや隠していることは確実にあるでしょうから、死んでからが狙い目です。

まだ生きている人物についてわざわざ書かなくても、前項でマックス・プランクの名前を挙げたように、もうすでに物故している人物で書くに値する人はたくさんいます。

たとえば同じ数学者でも、ガロアの伝記はたくさん出ています。「群論」が何たるかを知らなくても、ガロアという名前を知っている人はたくさんいます。でも同時代に夭折したニールス・アーベルの伝記ともなるとぐっと少なくなってしまいます。ですから、人気漫画『栄光なき天才たち』(伊藤智義作・森田信吾画、集英社)がアーベルを取り上げたときには我が意を得たりだったのですが、ガロアのようにまるまる1冊の本となると本当に少ないのもです。

他にも単著があてられるべきなのに列伝の登場人物に留まっている人はごまんといます。今のコンピュータのしくみを確立したフォン・ノイマンもそうです。経済学のゲーム理論にも名前を残している彼は、人間離れした頭の良さを持っていた人です。

天才というと反体制というイメージがあるでしょう。おそらくそれはアインシュタインなどから来たイメージだと思います。ところがノイマンは体制派、大政翼賛の人です。とにかく階級や、政府の中での序列にこだわることにかけては、もうそれこそ裸の大将並み(山下清は軍隊の位になぞらえて人の偉さを理解していた)でした。

フォン・ノイマンは、かなり多くの列伝に出てきますが、単一のしっかりとした伝記がありません。いくつか英語の本が出ていて読んだのですが、あまりいい出来ではありませんでした。しかもやたら長くて、3分の1ぐらいは参考文献の列挙で占められています。伝記を書くに当たっては、印象的なエピソードをどれだけ拾えるかが重要です。

たとえば放射能の研究で、女性初のノーベル賞を受賞した**マリー・キュリー**は、放射性物質を素手で扱うことも多かったといいます。そのせいか66歳のとき白血病で亡くなっていますが、いまパリのソルボンヌ大学博物館に保存されているキュリー夫妻の研究ノートはいまだに放射能を帯びていて、ガイガーカウンターを当てると針が振り切れるそうです。こういうエピソードは面白い。

すぐれた伝記は決して少なくありませんが、需要のほうがさらに大きいので、常に供給不足の状態にあります。

きちんとした伝記を書くには相当のリサーチ力が必要とされるのはもちろんです。お金も時間もかかるでしょう。でも現地に取材に行くなど、特別なことをしなくても、図書館の資料だけで書けるであろう人はかなりいます。

誰かチャレンジしてみようという気になった方、本が完成した暁には、ぜひ私のところまでお送りください。

伝記こそ真の自己啓発本

僕が安っぽい自己啓発本を好きでないことは、もうおわかりだと思います。

自己啓発本の何がまずいかというと、それは、**「きみはこうすべきだ」という答えしか書いていない**ことです。挫折を含め、そこに至るまでの試行錯誤が深く掘り下げて書かれていません。

実例が引用されていることもありますが、「あの人はこういった。あの人はこうやった。だから成功した」という程度。そんな結果論を知ったところで、いくらかは気分があがるでしょうが、全く役に立ちません。

自己啓発本を読む暇があったら、もっと伝記を読みなさいといいたい。**歴史の評価を下された、「本当の成功者」の人生を知れといいたい**。伝記こそ本来の自己啓発本です。

では、どんな伝記を読むべきでしょうか。

伝記というと小学生向けに書かれた「偉人伝」のようなイメージがありますが、あくまで大人向けに書かれたものであること。子ども向けの本には偉い人だったとしか書いてありませんが、大人向けのものには本人の欠点などもたくさん書かれています。そこが重要です。「あの人も、こんなダメなところがあったのか。それなら自分とそう変わらない。自分もそう捨てたもんじゃない」と思えるかどうか。

『失楽園』（角川文庫）を書いた渡辺淳一という作家がいます。官能的な作風で知られますが、彼は意外なことに、『遠き落日』（角川文庫）という野口英世の伝記を書いています。これが非常に面白い。というのも野口英世の悪行について、金銭にだらしなかったとか、結婚祝い金をもらっておいて婚約者を捨てたとか、かなり赤裸々に事実を暴いています。

野口英世といえばお札の肖像画になっているくらいですから、さぞ立派な功績を残したのだろうと思いますが、実は今の医学には、野口英世の業績は残っていません。

彼は黄熱病の原因となる細菌を探していましたが、それが何かをはっきりとは突き止められず、世を去りました。のちに黄熱病の病原体が細菌ではなくウイルスであると判明したため、彼の研究はまったくムダだったことが判明したのです。

『遠き落日』には、こうした野口英世の悲しい〝ムダな努力〟がはっきり書かれていて、「渡辺淳一はこんな作品も書けるんだ」と感心したことがあります。

1000円札にもなっている人の業績が、現在にまったく残っていないというのは、知る価値のあることだとは思いませんか。

福沢諭吉のように慶應義塾大学を残したわけでもないし、新渡戸《にとべ》稲造《いなぞう》のように『武士道』を残したわけでもない。では本当にムダだったのかといえば、それは**おそらく人類が踏まなければいけなかったムダ足**ではないかという見方もできます。

たとえば今は地動説のほうが正しいとわかっています。では、プトレマイオスが考えた天動説はまるっきりムダだったのでしょうか。僕は天動説があったからこそ、地動説が生まれたと考えます。人類の進化とはそういうものでしょう。

こう考えれば、**「無意味な人生」というものは存在しない**と思える。そう思えば自己啓発書を読むより伝記を読んだほうが、よほど元気が出るのではないでしょうか。

読めば読むほど楽しみは増幅する

本を読んでいて、「この面白さは、自分しかわからないだろうな」とニヤリとするような瞬間があります。それは、他の本を読んで得た知識が、まったく別の本を読んだことで深まっていく瞬間です。

たとえば、野口英世の医学的業績が、現在ではまったく省みられていないというエピソードは、福岡伸一の『生物と無生物のあいだ』（講談社現代新書）にも出てきます。これは『遠き落日』を読んでいれば、さらに楽しめる箇所であることは間違いない。

いろいろなジャンルの本を幅広く読んでいると、自分の知識が蓄積されるとともに、**ふとしたときにそれがリンクする瞬間**がある。**その面白さに目覚めると、読書量は加速度的に増えていきます。**

特に歴史書などは、1冊だけ読んでもあまり面白くありません。100冊くらい読んでみると、さまざまな歴史観があることがやっと見えてくる。

「この人はこういう立場なんだな。この立場からすれば、あの歴史的人物もこう見えるのか。光の当て方によってここまで違って見えるとは」

というように、さまざまな角度から1冊の本を楽しむことができるようになるのです。また歴史上の人物と、思わぬ箇所で再会するのも楽しいものです。

星新一が自身の父である星一《ほしはじめ》の生涯を描いた『人民は弱し官吏は強し』（新潮文庫）という作品があります。星一は製薬会社の社長だったため、『遠き落日』にも登場します。星一と野口英世は同じ時代に生きていて、交流があったのです。そう思うとさらにその時代のイメージが鮮やかにわいてくる。そういう横のつながりが見えてくるのも、大量に本を読むからこそです。

その意味で圧巻なのが、みなもと太郎の歴史漫画『風雲児たち』（SPコミックス）です。よくぞここまでというくらい幕末について調べていて、連載中にそれを覆すような新資料が出てきたら、ちゃんとそれも描くという実に誠実な描き方をしています。

Danが目利きの書店員さんに聞いてみた 人生をあと押ししてくれたこの一冊 4

啓文社
児玉憲宗さん

『竜馬がゆく』（全8巻）
司馬遼太郎／文春文庫

小さくまとまるな、と教えてくれた

大学一年生の頃、やりたいこともなく、何をしたらいいのか全くわからなかったとき、本の楽しさを教えてくれた作品です。幕末維新の時代は、今と同じ決していい時代ではなかったと思いますが、そんな中で竜馬たちがエネルギーを爆発させながら突き進んでいく姿は、震えるような感動を覚えました。

児玉さんが語る 本のチカラ
なりたいものに、何でもなれる
知らない空間・時間に、いつでも行ける

明正堂アトレ上野店
増山明子さん

『ぼくのおじさん』
北杜夫／新潮文庫（※絶版本）

何をやってもダメな、愛すべきおじさん

小学校のときに読み、鮮烈な印象を抱いた一冊です。弱い者には強く、強い者には弱い、ある意味“サイテー”なおじさんと主人公の甥っ子を巡るコミカルな小説です。おじさんを見る主人公の皮肉たっぷりの語り口が何ともおかしく、読むたびに吹き出します。このおじさん、実は北杜夫自身がモデルとか。

増山さんが語る 本のチカラ
無限の想像力で、
脳みそで自由に大作をつくれる

CHAPTER 5

本当の教養は
人生を豊かにする

リア充になりたかったら本を読め

読書がどれだけ素晴らしいことか、ここまでずっと述べてきました。

ところが読書という行為に対して、「暗い」「受け身」「寂しい」という印象を持つ人もいます。すでに読書の習慣がある人でも、周囲と自分を比較して、「本ばかり読んでいる自分」に対して「これでいいのか」と疑問を抱くことがあるようです。

先日も本が好きな若い人から、こんな相談を受けました。

「自分は休日になるとずっと本を読んでいます。でもFacebookとかを見ると同年代の人たちはみんな『海へ行った』とか、『今日もパーティー』とか書いてあって、非リア充な自分がいたたまれなくなるんです……」

「リア充」とはリアル、つまりインターネットという虚構の世界ではなく、現実世界で充実して生きている人たちをやっかんでいう俗語ですが、相談者は自分は「非・リア充」だといって自己卑下しているわけです。

「あなたもそういう場に出たいんですか？」と聞くと、

「そんなに出たくありませんが、今、こうして本なんか読んでていいのかなあ……とちょっとうらやましいところもあります」

という。

自分がパーティーをやりたくもないのに、そういう人たちに憧れるというのが、僕にはちょっとわからない。パーティーを開くような時間があれば、その分1冊でも多く本を読みたいという人にとっては、興味のないパーティーに出て愛想笑いを浮かべるなどということは、苦行でしかないでしょう。

そもそもパーティーとは人との出会いの場かもしれませんが、たとえ「お近づきになりたい」と思えるような人と出会ったとしても、**本も読んでいないで、何を話すのでしょうか**。事実、本を読んでいる人は話題が豊富なのは、間違いありませんし、ひいては人間的な魅力も備えている場合が多くあります。

しかし本を読んでいない人、つまり教養のない人の話というのは、往々にして中身が空っぽであることが多い。たまに話術だけは司会者並みに巧みな人がいて、話を聞いていると、勢いでなんとなくみんな笑ってしまい、その場は盛り上がるものの、家に帰ると何をしゃべったのかまったく覚えていない、ということがよくあるものです。

その点、**本を読んでいる人の言葉は、宴が終わった後にも心に残る。**僕などはそういう人と言葉を交わすと、「この人のことをもっと知りたい」という願望がわいてきます。またそれと同時に、「この人なら自分の興味のある話をしても、面白そうに聞いてくれそうだ」と思うものです。

要するに、リア充で生きていくのに必要な情報は、人とつるんでいるだけでは蓄えられない。**「リア充になりたかったら本を読め」**なのです。

それに第一、リア充の定義もよくわかりません。1年365日、24時間ずっと充実していないとダメなのか。それに充実というのが、人との交流だけを指すというのも、変な話です。

僕は人と会ってワイワイ騒ぐのは、1週間にいっぺんでも多すぎると思うたちです。

リア充は隔週ぐらいでちょうどいい。そうでないと、体力が持ちません。

SNSや通信手段が発達して、人と常につながっていないとまずいという強迫観念を持つ人が増えてきました。

でもこういっては何ですが、愚かな人ともつながっていたいですか。

気が合わない人ともつながっていたいですか。

Facebook や Twitter ではフォローされている人や、友達の数が多いと偉いというような、変な価値観があるようです。

それよりも**目の前にいる人に、いかに「こいつの話を聞きたい」と思われるか**でしょう。他の人と同じことしかいわない人は、その他大勢にしか入れません。

だから若い男女が海に行っているとき、自分だけ1人で本を読んでいる、などと卑屈になる必要はありません。僕は「また海に行ってきたの？　また1歩皮膚がんに近づいたね」と平気でいってます。

他人からどう思われるかを気にする必要があるほど人生は長くない。つまらないことには、つまらないといえばいい。くだらないことは、くだらないという勇気を持つこと。

一般名詞でなく、固有名詞で生きろ

なぜかふと他人の目が気になってしまうという人は昔からたくさんいます。もっとも若いときというのは、そういうものなのかもしれません。日本は同調圧力が強いし、人と同じであることを強制します。だから周囲と自分との間に足並みのズレを感じると、不安に思うことがあるのでしょう。正直いって、僕にはあまりよくわからない感情ですが。

でも**みんな、実体のないことで悩んでいる気がする**。

よく若い人が「もてたい」とか「リア充」とかというでしょう。そういうとき、何を志向しているかというと、一般名詞です。たとえば「イケメンの彼を捕まえたい」という。でも「イケメンの彼」は一般名詞であって、「○○さん」といった固有名詞ではない。

でも**リアルに、ほしいものを手にするということは、それが固有名詞になるということです**。

また本の話からずれてしまうのですが、どうして、みんな現在しか見ていないのでしょう。今イケメンな人、あるいは今美人な人、あるいは今お金をたくさん持っている人を狙うのか。

「凡庸なプレイヤーは、今パックがいるところに駆けていく。俺はパックがこれから行くところに行く」。グレッキーというアイスホッケープレイヤーの台詞なのですが、スティーブ・ジョブズも好んで引用してします。

パックとはアイスホッケーの「玉」に相当するものですが、パックのあるところに行っても間に合わないということです。それと同じで、現在イケメンの人、美人、金持ちを狙うよりはこれからイケメンになる人、美人になる人、金持ちになる人を狙ったほうがものにできる確率は高い。もっとも顔の造型はある程度、生まれたときに決まっていますが。

第一、彼らだって、いつまでも今のままではありません。美人がいつまでも美人なわけがないし、金持ちだっていつどうなるかわかりません。

でも**そういう人と付き合いたいのであれば、今たまたま近くにいる人を、どれだけ大事にできるかにかかっています。**本当にすごい人は、金持ちでない人を金持ちにしてしまうし、美人でない人を美人にしてしまいます。

僕だって、23か24歳ぐらいで今の妻と同棲しはじめたころは、彼女からパソコンを買うお金を借りていたりしました。妻が金持ちと付き合おうと思っていたら、僕はおそらく箸にも棒にもひっかからなかったと思います（もう少し日本で知られている人を挙げると、桑田佳祐さんの例があります。奥さんの原由子さんは、結婚したとたんにえらい美人になりました。あくまで僕の主観ですが）。

容姿にしても、財産の多寡にしても、そういうものは変数です。ところが現在しか見ないから婚活だなんだといって、自分にはもっといい人がいるのではないかと思ってしまう。

その結果、何も得られない。それよりも子猫が捨てられていたら、とりあえず育ててみるぐらいでいいのです。ひょっとしたらそいつは虎かもしれないのですから。

みんなの評価はあてにならない

僕はブログで取り上げる本について、いいものはいい、悪いものは悪いとはっきり書くようにしています。今はまだどんな本がよくて、どんな本が悪いのかよくわからない、という人も、たくさん本を読むうちに、好みがはっきりしてくるはずです。そうなったとき、**「この本は嫌い」と表明できるのも、立派な教養です。**

どんなにみんながいいといっている本でも、自分が合わないと思えば、自分の判断に自信をもっていい。みんなと同じである必要はありません。

ここまでいっても、「でも誰かが面白いって保証してくれた本じゃないと、読みたくない」というなら、あなたは本を読むより空気を読むほうが好きな人。空気を読みたければテレビがあります。本を読まずにテレビでも見ていてください。

実は本ほど「みんながいいといっているから」という評判があてにならないものはありません。なぜなら本と自分とは1対1で付き合うものであり、本は自分をうつす鏡でもあるからです。何を知っていて、何を知らず、何に興味があり、またはないかというのは、ひとりひとり異なる。過去に体験してきたことも違います。真っ赤な夕焼けと書いてあるのを読んで、ある人はふるさとの野山を思い出すかもしれないけれど、別の人はハワイ沖に沈む夕日を思い浮かべるかもしれない。

1冊の本を読んで、まったく同じ感想を抱くなどということはあり得ないのです。もし**他人の評価を参考にしたいのであれば、「みんな」の評価ではなく、具体的な個人をあてにしたほうがいい**。

例えば最近は「Facebookの友達が『この本はいい』っていっていたから、自分も読むことにした」という人がいるように、実はSNSは究極の偏見増幅器です。自分好みのものを知りたければ、グーグルでグローバルに検索するよりは、たとえばFacebookで、「こういう本知っている人、いる?」と聞いたほうが、より自分に最適化された答えが返ってくるでしょう。

読書で教養は身につくか

いわゆる「ゆとり世代」の人たちが続々と社会に出るようになりました。比較的教養がないといわれる彼らが、それを社会に出てからの読書でカバーし、社会の荒波を乗り越えていくことは可能なのでしょうか。

その前に「ゆとり」という言葉について一言いっておきたい。この言葉は、教育の失敗の象徴としてスラングのように定着してしまった感があります。

本当に失敗だったかどうかがきちんと検証されているかという問題はひとまず脇に置いておいて、とりあえずあまりうまくいかなかったことが事実だったとしましょう。

僕はその原因は、教える側の教師にゆとりを与えなかったことにあると思っています。そのため、これほどまでに「ゆとり教育」が叩かれることになったのではないか。

僕が義務教育を受けていた年代（前述の通り、あまり学校に行っていないので、こういうい方をするわけですが）の平均的な1学級の生徒数は、40人前後だったと記憶しています。

今、中学生になった娘たちのクラスを見てみると、少しは減って、30人くらいになっていますが、それでも多すぎるという点は変わりません。

どんな年齢が対象で、何を教えるかによっても変わるのですが、たとえば外国語のクラス（もしかしたら自国語も含むかもしれませんが）なら、生徒数の最大値は、12人ぐらい。それくらいの人数でなければ、きちんと指導できません。

別のいい方をすれば、文部科学省は必要な教員の半分ぐらいしか確保していないということです。もし本気でゆとり教育をやりたかったら、まず教えるほうにゆとりを持たせる必要がありました。それをせずにゆとり教育をはじめてしまったので、話がこじれてしまったのです。

そういう若者たちが社会に出て、「お前らは根性がない。覇気がない」と上から責められている。まずは我々大人世代が、「今までやるべきことをやっていなかった」ときちんと詫びるべきです。

さて、本題に戻りましょう。

十分な学校教育を受けていないという自覚のある人が、社会に出てから読書を通じて教養を身につけ、ひとかどの人物になることができるのかどうか。

この答えはもちろんイエスです。**中学校にまともに通っていない僕が、15歳で大検を受けて受かったのは、自分で本を読んで勉強していたから**。

それでは自分で教養を身につけるとしたら、何を心がければいいか。それは、**教養がないうちほど、量を目指す**ことです。つまり、たくさん読むことです。初心者ほど最新のパソコンを与えたほうがいいのと同じで、物理的な豊かさは、能力（効能の能の能力でもありますし、脳みその脳力でもあります）を節約するからです。

だから本を多読するなら、30代よりは20代のときのほうが絶対いい。10代だったらもっといいかもしれない。これは別に教養に限ったことではなく、若いうちは何ごとも量でカバーするようにしたほうがいいのです。

実際に人間の体もそうなっています。年を取ると何がいちばん変わるかというと、量がこなせなくなります。何晩でも徹夜できたのが、もう寝なければ体が持たなくなります。読者にいいたい。**あなたたちは日々老化しているのですから、投資しておくなら今のうちです**。

もっとも投資といっても、20代のうちに株を買ったり、金融商品に投資をするなんて、まさに愚行。定期預金や貯金ですら、20代でするのは愚行。

そんなカネがあったら、本を買えといいたい。本代にいくら使ったかが、30代、40代の貯金額を決めます。だから**20代で100万円貯金する余裕があるのなら、100万円分本を買ったほうが結局得をする**。

もっとも100万円分の本を買うとかなりの数になります。1冊高めに2000円としてみても、500冊です。これは無視できない分量です。本棚が1本か2本必要になります。

ノンフィクション作家の立花隆《たちばなたかし》さんは本棚が1本埋まると、「これで1冊の本を書ける」といいました。その伝《でん》でいけば、ちゃんとした本を本棚3架分も読めば、あなたも特定のジャンルにおける教養人といえるでしょう。

社会人の暗記力はゼロ査定

今、教育の現場では、小さな子どもに、たとえ意味がわからなくても落語の『寿限無《じゅげむ》』を覚えさせたりとか、『論語』などを音読させたりすることが盛んですが、確かにあれは無意味ではないと思います。たとえワケがわからなくても記憶力のすぐれた子どものうちに、何かを大量に丸暗記することは脳を鍛えることになるという説もあるほどですから。

僕も『百人一首』を子どものころに覚えて、いまだに100首全部暗唱できます。

ただ、古典をまるまる覚えるのは確かに意味がないことではありませんが、だからといって「今それをやってどうするんだ」とは思います。

というのも、学校のルールとシャバのルールがあまりに違いすぎるからです。学校では暗記力のいい子が勉強のできる子ですが、社会に出たら暗記力はあまり必要ない。

どういうことかというと、たとえば学校のテスト1つ取っても、試験中に外の資料に当たったら、カンニングになってしまいます。ところが大人になったら、逆にそういう「裏を取っていない文章」は、単なる思い込みで書いていると見なされます。同じことをしているのに、評価が180度変わってしまうのです。

結局、なぜ学校が試験のときにカンニングしてはいけないかというと、暗記力を試しているからです。

しかし今や暗記力にそれほど価値はありません。インターネットで「グーグル先生」に尋ねれば、私たちが暗記している以上の事柄を示してくれます。

人類史上、暗記力の価値がここまで下がった時代はありません。

ただし自分の思考力をつける基礎訓練として、ものを読んでいないとググることさえできなくなってしまいます。ましてやググられる文章をウェブに載せるためには、その数百倍は読んでいなければならない。**暗記力がゼロ査定される現代こそ、真の読書力が評価の対象になっていくのです。**

本当の教養とは何だろうか

英語で「教養」を何というかご存じですか。

こういわれると意外と思い当たる単語が浮かばないものですが、正解はCultureです。Cultureというと「文化」と機械的に覚えてしまっていますが、実は「教養」という意味もあるのです。

ここでのポイントは、「教養」はCultureであって、Knowledge（知識）ではないことです。

日本の学校教育では「暗記力のすぐれた人」「脳の中の知識の在庫が多い人」が頭のいい人です。だから僕たちもKnowledgeのある人が教養のある人だと無意識に信じ込んでいますが、実は本当の教養とは知識の量の多寡とは無関係。

要するに自分で**自分の脳みそを耕せる人、耕す能力を持っている人のことをもって、「教養がある人」といいます。**

強いていえば、本は脳みそを耕す鋤《すき》や鍬《くわ》のようなものです。畑を素手で開墾するのは大変ですが、鋤鍬があれば、楽に耕せます。

鋤鍬の発明がいかに画期的なことだったか。あれを鉄でつくれるようになったのは、人類史上たかだか3000年くらい前で、場所によってはもっと遅いところもあります。

今はもう耕耘機があります。これはコンピュータやインターネットに相当するでしょう。となると、ちょうど現在の教養における本の位置は、やはり鋤鍬だと考えてください。すごい発明ではあるけれどけっこう古いものです。

鋤鍬といっても種類はたくさんあります。細かいところを集中的に耕せるのが専門書であるならば、細かい作業には適さないけれど、広い面積をいっぺんに耕すのが百科事典。僕の子どものころは、教養を身につけるために百科事典を買いなさいといわれていたものです。

では機械で農業をしている人たちは、鋤鍬を持っていないかといえば、そんなことはありません。土地の形が複雑でややこしければ、狭いところに機械は入れられません。充電すらできない環境だってあります。

そういうところに入っていけるいちばん基本的な道具は、今後も本になるでしょう。畑が広ければ広いほどいいというものでもない。ほとんど休耕田でした、というようなことだってあります。でも広いほうが楽ができるのは確かです。たとえばアメリカで米をつくるときには田植えなどということはしません。飛行機から種をばら蒔いてしまいます。どうしてこれができるかというと、十分な広さがあるからです。

本にとっての畑の広さは、本棚です。コンピュータにとってのハードディスクの大きさのようなものです。昔はコンピュータを使っていても、すぐメモリがいっぱいになって動きが鈍くなっていたため、どのファイルを残して、どのファイルを削除するか一生懸命考えていたものですが、今はどんなデータも入れっぱなしでよくなってきました。ハードディスクが大きくなったからです。

いずれにせよ、教養を身につけるための道具としての基本が本であることは、料理の基本が包丁であることと同じぐらいこの先も変わりません。電動ミキサーが包丁を滅ぼさなかったぐらい、電脳が書籍を滅ぼすことはありえないでしょう。

本を読んで、それをもとに考える。考えることが、自分で自分の脳みそを耕すということに他なりません。それが教養ということです。

だからページをめくればいいというものではありません。読みっぱなしではダメで、必ず考えるということをしなければ、真の教養は身につかない。

本についての本なのに、こんなことをいうのは矛盾しているかもしれませんが、自分の脳みそを自分で耕すことができるのであれば、道具は本でなくてもかまわない。

誰か人と会って議論することでも、外国を旅して回ることでも、何か自分で実験をしてみることでもいい。

大切なのは、自分で自分の脳みそを耕す習慣を身につけるということです。

それが、自分で自分を救うしくみを構築することになります。

今までしっかりとした学びの習慣がなかったからといって、悲観する必要はありません。自分で自分を教育すればいい。そのための第一歩として本を読むというのはいちばん楽で楽しい方法だと実感しています。

本にも載っていないデータを読み解く力を持つ

本は万能で、何でも書いてあると思ったら大間違いです。社会が複雑になっている今、実は本を読んでもわからない事実は案外たくさん存在します。しかし逆説的ですが、その事実について考えるための力は、本を読むことで養われます。

僕はこれから、日本の財政について、どの本にも書いていないことをいいます。自分で情報を集めた事実です。

もしかしたら僕が知らないだけで、このことが書いてある本もあるかもしれませんが、少なくとも情報を探し回っていた僕には、書籍の形になっていたものは見つけられませんでした。

ですから、**このトピックはこの本の読者のためだけに教える、ちょっとしたサービス**

でもあります。

問題です。今、日本の国民所得は約３５０兆円ですが、では僕たちが国なり地方なりに支払うお金は、いくらあり、何のために使われているのでしょう。考えてみてください。ちなみに去年の国税の税収は約42兆円です。それなのに、国家予算は税収をはるかに、上回り90兆円を超えています。

実は税金以上に、我々が多く支払っているものがあります。社会保険料です。それが60兆円ぐらいあります。社会保険料に国税、地方税などを全部足すと、１４０兆円にものぼりますが、でも我々にしてみれば、それほど取られている感じはしない。

１つの理由は、社会保険料と税金を「別腹」として扱っているためです。もう１つの理由は、我々が支払ったお金は、再配分、つまり国から支給される年金や医療費などに回されているからです。

国が、我々が支払った１４０兆円をそのまま使ってしまうわけではありません。再配分に回される金額は１１０兆円ありますが、うち10兆円は、過去に支払われた保険料で積み立てているお金の運用などで出しています。よく「年金の原資は加入者が積み立てているんだ」と誤解している方がいますが、それで生み出しているのは、たった10兆円です。残りは主に100兆のフローから集めてくる。

ただ、国民に再配分されるといっても、そのうちの50兆円以上が高齢者向けの年金です。年金と同様に医療費も半分以上は高齢者が使います。さらに介護という名目で、大体10兆円弱ぐらい使います。

それで大体全部ざっと計算してみると、**110兆円のうちの7割以上、80兆円ぐらいは高齢者のために使われていることになるのです**。政府に対して大きな声を持っている人たちの生活を持続するために、他の人たちの生活が犠牲にされているということです。

よく国家予算90兆円、うち税金で半分しか稼いでいないなどといわれますが、嘘っぱちです。実は再配分の分を全部端折ると、正味の国が使っているお金は40兆円（140兆〈我々が支払った税金など〉＋10兆円〈積立金の運用利益〉－110兆円〈再配分〉）しかありません。国民所得の比率でも13％ぐらい。

仮に再配分をしなければ、今の税率で得た国税の収入だけで十分ということになり、地方税も社会保険料も不要になります。

今、政府は消費税を上げるといっています。消費税を1％上げると、税収がだいたい2兆円増えます。現在の消費税の税収は約10兆円です。5％上げればこれが20兆円になる。正味10兆円増えるのですが、再配分される金額を見れば、たいした額ではないことはおわかりでしょう。

再配分に110兆円も使っているのに、10兆円くらい増やしたところで、何の意味になるのでしょうか。

さらにいうならその再配分のうち、年金は、もう50兆円を超えています。仮にそれを2割カットすれば、消費税を増税したのと同じ効果が見込めるでしょう。

現在、会社勤めの人は所得税と住民税を給料から天引きされています。会社勤めでない人も源泉徴収で報酬の10％を天引きされ、別途住民税も支払っています。それに加えて会社勤めの人は給料の約16％の年金保険料を、会社と半分ずつ負担することになっています。しかも将来的には18・3％まで上がることが、もう決定ずみです。さらにこれ以外にも健康保険料や介護保険料などの社会保険料が徴収されているのです。

今僕たちは年間約80兆円の税金を取られているということは、多くの人が知っていると思います。

でも**社会保険料の名目で取られている分が、税金とは別に60兆円ある**ということは、ほとんど知られていない。こんなに重要なことにもかかわらず、です。

今述べたことは、僕があちこちから数字を集めてきてわかったことです。ところが、このあたりの数字の流れは、「この本さえ読めばスパッとわかる」というものが意外とない。

ではそういう本を書ける人がいないかといえば、そんなことはないはずです。今挙げた数字は、財務省のウェブページにそのまま転がっていたものですから。

こんなことは新聞にも書いていないし、テレビでもいいません。

でも「自分で自分を救うしくみ」を確立すれば、自分で検索して数字を拾ってこられる。読者のみなさんには、それができる力をつけてほしいと思います。

そうすればマスコミに踊らされたり、極端な場合は政府のプロパガンダに騙されたりしなくてすむ。

自分で情報を集め、それをもとに考えることができる力は、これからの時代を生き抜くためには絶対に必要です。

空想力ほど、役に立つものはない

僕はよく「夢中夢」を見ます。夢中夢とは、夢の中でさらに夢を見るというものです。この間はすごく器用な夢を見ました。同時に別々の夢を見ていて、それを別世界として構築した上に、お互いにその世界に干渉し合うという、ある意味、すごく高度な夢。

こういう夢を見ると、現実は0番目の夢にすぎないのではないか、というようなふわふわした気分になります。

最近のコンピュータは、よくコンピュータの中に仮想コンピュータをつくって動かしたりしています。コンピュータの中にコンピュータがあって、さらにそのコンピュータの中に、コンピュータがある。これは夢中夢の入れ子構造に似ていませんか。

実はこういったことは、理論的にはどこまでも行けます。ただ実際には、その世界を置いておけるだけの場所が必要です。メモリは有限で、あるコンピュータの中にコンピュータをつくるためには、資源を使うのでそれが限度になります。

けっこう昔からフィクションによくあるテーマとして、「今自分は、夢から目覚めているはずだが、実はこの世界自体が誰かの夢ではないのか」という話があります。山本弘の大作『神は沈黙せず』（角川文庫）という作品は、ふつうだったらいきなりネタバレに相当するところからスタートします。「この世は仮想世界で、俺たちは夢だった」ということをいきなりバラしてしまい、そこから物語が進んでいくのです。これはヤラれました。

とはいえ「自分という存在は誰かの夢じゃないのか」という考えそのものは、けっこう昔からあったものです。

中国の荘子《そうし》という人が書いた「胡蝶《こちょう》の夢」という物語があります。この蝶々は俺の夢なのか、それとも俺のほうがその蝶々が見た夢なのかというお話です。

でも現代ではそれほどじっと考えなくても、コンピュータが目の前に似たような仮想現実をパッと見せてくれたりもします。

たとえばiPhoneのアプリを開発するときは、iPhoneそのものはほとんど使いません。Macの中に仮想iPhoneをつくって、その中で、いったん動かすのです。それならまだ出ていない新製品で、まだ実機がなくても開発できます。

今や仮想技術は基本技術です。仮想できないということは、空想できないということに等しい。物語がわからないということは、人間としてかなり深刻な問題でしょう。

空想とは、思考の源です。現実の世界と別の世界を頭の中に思い描くということは、創造力の原点です。それすらなく何かを思いつくということは、あり得ない。ビジネスすらあり得ないはずです。

「取らぬ狸の皮算用」というでしょう。つまりこれは狸を取る前から、狸の皮を売りつけると、どれくらいになるのかを空想しているから皮算用ができるわけです。空想は必ずそれが現実世界とどこか食い違うのですが、かといってまるでかけ離れているわけでもありません。

その一方で、誰も考えたことがないような超ぶっ飛んだ設定も、意外とできないものです。自分では思い切り自由に空想しているつもりでも、現実の世の中のバリエーションを複製しているにすぎないことが多い。

「宇宙人はどんな姿をしているか、想像して絵に描いてみて」

といわれて、あなたならどんな絵を描きますか？

銀色のつるつるした全身タイツに身を包み、スプーンを伏せたような黒目のない目で、子どもくらいの背丈しかない……というようなステレオタイプの宇宙人の絵を描いた人は、想像力という点ではもう絶望的。これでは「何か新しいビジネスを興して」、といわれても、すでにあるビジネスの亜流しか思いつかないでしょう。

人間は自分の器におさまる発想しかできません。**大きな発想ができるようになりたかったら、器を広げるしかない**。脳のリミッターをはずして思考するための訓練は、空想することしかありません。

そのためにも、本を読んで物語世界に心を遊ばせること以上の練習があるでしょうか。

最初は単なる現実逃避が目的だったとしても、親も友達も配偶者も知らない自分だけの世界を構築できれば、それは自分の空想力で自分の別の人生をもう1つ構築しているということに等しいといえます。

Ｄａｎが語る、電子書籍の未来

本は自分で自分の脳みそを耕すための鋤や鍬だといいました。耕耘機は燃料がなければ動きませんが、鋤や鍬なら燃料がなくても使えます。本も太陽さえ照っていれば、電気の通っていないところでも読むことができます。

ただし実は本も、どんなところでも使えるようなつくりにはなっていません。本といえどもモノですから、当然頑丈な本もあれば、手の汗くらいで簡単にダメになる本もあります。その意味ではモノとしての本の質は、実は下がりましたし、その傾向は今でも続いています。

モノとしての本の質が下がったというのはどういうことかというと、たとえば本の素材として、和紙でなく酸性紙を使うようになったことです。和紙は１０００年以上の寿命があるのですが、酸性紙は100年も経つとボロボロに劣化してしまうため、かえって新しい本のほうが、モノとしての寿命は短くなっています。

そのことに業界が気がついてちょっとした大騒ぎになったのは1980年代ごろで、それ以降は中性紙を使うようになってきてはいます。しかしそれ以前の本や資料は、相当劣化が進んでいるでしょう。

このように単なる物品としての本は、必ずしも進化しているとは限りません（現に講談社新書はデザインを一新してから、買ってからほんの数年で背表紙のタイトルがあせて、読みにくくなってしまうようになりました）。

では電子書籍化したら、もっと物持ちがいいかというと、実は電子書籍といえども、保存性に優れているとは限りません。グーグルなりアマゾンなり、IT企業がデータをきちんと確保していればOKという意見もありますが、それは別のいい方をすると、**コンテンツは、グーグルやアマゾンの手中にある**ということです。

2009年にアマゾンの提供する電子書籍であるKindleで買ったデータが、利用者の知らないうちにアマゾンによっていつの間にか削除されていたという事件がありました。

これは販売した後で出版社が再版権を持っていないことにアマゾンが気づいたため、削除したのちに料金を返したのですが、問題はこれを利用者に無断で行ったことです。

しかもアマゾンは大もとのデータを削除しただけに留まらず、すでにユーザーがKindleにダウンロードしたデータも、リモートで削除したのです。電子書籍が紙の書籍と本当に同じなら、このようなことは起こりえないはずです。

アマゾンはユーザーの抗議に謝罪し、「2度とやらない」とはいっていますが、それができるということを図らずしも証明してしまったことになります。つまりそういう人たちが「もうこのデータは不要だ」と思えば、削除できる時代になったのです。

幸いにしてネットの世界では、今のところは誰も支配者はいません。Kindleがいやでも代わりはいくらでもあります。

しかし**ビジネスの競争に生き残った人たちが変節することによって、電子書籍のコンテンツという、人類の財産が失われるリスクは大きくなっているのです**。始皇帝が中国を統一したとたんに、竹簡が燃やされたようなものです。そういう羽目にならないよう、読者たる我々は書籍のみならず電子書籍業者にも目を光らせておく必要があります。

本当に「若者はかわいそう」か？

世代間格差などといわれますが、不利な立場の人とか、弱い立場の人が、ちゃんと世の中を渡っていく上でも、読書をすればそこで得た力が強い味方になってくれることは間違いありません。

しかし、本当に若い世代は不利なのでしょうか。確かに単純な財産の偏り方だとか、税金のかけられ方を見ると、今以上に若者が損な時代は、徴兵があった戦前までさかのぼらなければならない。これは、認めるしかありません。

その一方で、今からわずか10年前に、iPhoneがほしいといっても、モノ自体がなかった。さらに10年さかのぼれば、ブロードバンドインターネットそのものがなかった。ダイヤルアップ接続でテレホーダイとかいっていた時代です。そこからさらに15年さかのぼると、インターネットそのものもなくなりますし、携帯電話もなくなります。

世の中にお金で買えないものがあるかないかという、使い古した議論があるでしょう。しかし買えないものは必ず存在します。

それは、まだ存在しないものです。

2005年にiPhoneは買えません。今から20年前の1990年にインターネットに接続できたのは、インターネット環境の整った、大学にいる人たちか大企業にいる人たちだけでした。

そういう意味では、できることの総量は今もなお増えている。老人にとっては「存在するだけでもすごい」というものでも、下の世代にとっては、「あって当たり前、なければ困る」というものになっている。

「あるのが当たり前」の状態になって、初めて生まれる発想もあります。

そういう意味では、正直いって僕ですら、僕よりもわずか1世代下の人をうらやましく思います。「40代は一生のうちでいちばん幸福を感じにくい年代である」というニュースが報道されていましたが、まさにその世代である僕は、なんとなく納得しました。

実はもう僕らの世代で、すでに年金は払い損です。

年金で元を取れるのは、僕よりプラス10歳ぐらい上の人たち。それ以降の人は、もうみんなマイナスです。その一方で、僕らの世代は、子どものころにはネットがなかった世代でもある。

やはりネット以前、ネット以後は、時代の節目としてはものすごく大きい。でもそういう貧しいというか、貧しかったことすら知らなかった時代を覚えているのは、それはそれで強みです。

ここで本の話になりますが、未読の本を読むときは、2時間前に書かれた本であろうが、2000年前に書かれた本であろうが、同じ条件です。その本を読むのが初めてであれば、20代も40代も平等です。

それはある程度、年期を積んだほうがより多面的な読み方はできますが、少なくとも本はそういう差別はしません（もし書店が65歳以上は割引などといったら、10代のころの僕なら放火魔になってしまったかもしれません）。

しかし年寄りにも同情しなければいけない点があります。それはインターネットの登場によって、知識が安価になったこと。

知識が貴重な時代は、ものを知っている年寄りには敬うだけの価値がありました。しかし安価な本とそれ以上に安価なネットがそれを破壊した今、こういっては何ですが、若者にたかるしか能がなくなってしまった。**若者から学べない年寄りは、本当に格好悪いものです。**

逆に格好いい年寄りは、若者を上手に教師にします。筒井康隆は77歳にして、若者のものと思われているラノベ（ライトノベル）、『ビアンカ・オーバースタディ』（星海社FICTIONS）を発表しました。本当に格好いいジジイです。彼はけっこう他の人のパロディも書くのですが、いつもガチです。

俵万智《たわらまち》の『サラダ記念日』（河出文庫）のパロディの「カラダ記念日」（『薬菜飯店』収録、新潮文庫）とか、養老孟司の『バカの壁』（新潮新書）に対して『アホの壁』（新潮新書）まで書いている。本当に大人気ない。

読者にそういう大人気ない大人になってほしい。「最近の若いやつは」というフレーズの後に、「すごい」ばかり続くのが幸せな年の重ね方ではありますまいか。

自分の中に教師の人格を持て

警察に110番の電話をかけたことがありますか？

「ない」という人も多いと思いますから、では仮に、ひったくりにあったとか、自動車に当て逃げされたとか、何か緊急の用事があって110番したとしましょう。

最初に電話に出た警察の担当官は、何というと思いますか。

「どうしました」というでしょうか？

それとも、「今、どこにいるんですか」という？

どちらも違います。

僕はこれを聞いて感心しました。これこそが知恵というものだと思いました。

正解は、

「事件ですか、事故ですか」

というそうです。

「もしもし」ではダメなのはいわずもがな。相手は気が動転している。人生で110番通報する機会なんて、滅多にない。どういうふうに話を進めていいのか、わからない。でも自然と落ち着くのをじっと待っている余裕はない。何しろ事は急を要する。これは110番を受けたほうがリードしなければいけない。

そこで「事件ですか。事故ですか」です。その次に、相手がいる場所を訊ねます。このような導き方は素晴らしいと思います。こう聞かれれば、慌てている人も、「そうか、これは事故だ」というように客観的に出来事を捉え直すことができる。

導くということは、素晴らしいことです。うまく導いてもらえれば、人間にはかなりの可能性が拓ける。

できれば僕はこの本の読者に、自分で自分を正しい方向に導いていける力をもってもらいたいと思って、この本を書いてきました。

本と読者は、まさに教師と生徒の関係に似ています。しかし本は話をしてくれないの

で、自分の中に教師をつくらなければいけない。

ここを勘違いする人たくさんいるのですが、本そのものは教師ではありません。

その代わり、本を読んで自分に教えている自分と、この本から教わっている自分は、別の人格だと思えばいい。

「外国語を話せる人は多重人格なのではないか」という仮説を酒井穣《さかいじょう》さんがとなえていますが、**読書とはそんなふうにいろいろな人格を自分の中にたくさんつくること**でもあります。

平坂読《ひらさかよみ》の『僕は友達が少ない』（MF文庫）というラノベの最初の出だしは、自分の「脳内友達」と話しているシーンです。これのどこが「ライト」なのかというくらい高度な設定ではありませんか。

実は多重人格は、正しい心のありようです。マーヴィン・ミンスキーの『心の社会』（産業図書）という本によると、実は自分の心の中も小社会です。そうである以上は、読書は自分で自分を育てる一種の「育成ゲーム」です。その意味で本は、良質な餌です。

ぜひ自分の中に教師をつくって、自分で自分を教育していってください。

Danが目利きの書店員さんに聞いてみた
人生をあと押ししてくれたこの一冊 5

三省堂書店有楽町店
新井見枝香さん

『ロスジェネの逆襲』
池井戸潤／ダイヤモンド社

理解し合えない“世代間の壁”を越える

すべての会社員に読んでほしい一冊。証券会社を舞台に、バブル世代の熱い半沢とロスジェネ世代の冷めた部下森山が親会社に戦いを挑む企業小説。立場や世代が違っても、みな、必死に今を生き抜いている。この本を読んだら、職場の軋轢も、どうしようもなく理不尽な状況も理解できる力が身につくはず。

新井さんが語る 本のチカラ　**他者の“物語”を想像でき、嫌いな人が不思議といなくなる**

ヴィレッジヴァンガードトレッサ横浜店
花田菜々子さん

『LOVE 理論』
水野愛也／大和書房

女性目線で勧めたいモテ本

仕事柄、数々の“モテ本”を見てきましたが、この本はおもしろさの面、実用面から言って強烈です。「うわっつらKINDNESS理論」、「大変じゃない？　理論」などを駆使し、「醜形恐怖」だった水野さんが、いかにしてモテ街道を突き進んでいったのか。男性の恋愛観を変える一冊になることでしょう。

花田さんが語る 本のチカラ　**長所も短所もふくめ、今の自分の心を移す鏡**

ここであえて「本を目方で」測ってみることにします。

ここでいう「目方」とは「情報量」のこと。情報量のきちんとした定義は『通信の数学的理論』（クロード・E・シャノンら著、ちくま学芸文庫）を後で読んでいただくとして、最小の単位はビット。0か1か。これを8つ集めたものがバイト（B）で、アルファベット1文字分です。日本語の文字はアルファベット2文字分。本書ぐらいの本だと文字数は10万字前後なので、だいたい20万B＝200KB。今や見ることも少なくなったフロッピーディスクに余裕で5、6冊ぐらい収まります。

これが写真になると、数千KB＝数MBになります。本書は文章だけではなく、書影や表紙なども立派な構成要素ですが、「目方」で見るかぎり本文より表紙の方がずっと「重い」ことになるのです。

これが動画ともなると、さらに「重く」なります。1枚のDVDには8GB強＝40億文字程度の情報量が収まりますが、最新の技術（H.264）を用いると、そこに2時間程度の動画が収まります。静止画像なら数千枚分。僕が読む本の数は年間5000冊程度ですが、「目方で」見たらテレビ視聴2時間分に過ぎないことになります。

なのになぜ、テレビを2時間見るより本を1冊読む方が「重く」感じられるのか。

僕たちが、本の行間を読んでいるからです。

たとえば、「火垂《ほた》るの墓」という文字がそこに書いてあったとします。5文字、10B。24ビットフルカラーでは、4ピクセルに過ぎません。しかし仮にあなたが野坂昭如《のさかあきゆき》の短編を思い起こしたとしたらその時点で数万倍に、そしてアニメを思い起こしたとしたら数億倍に、その言葉は「ふくらむ」ことになります。

文字からしてみれば情報量の洪水に思えるような画像や動画ですら、実は「再生」する際には「ふくらませて」いることをご存じでしょうか？　詳しい仕組みは『なぜコンピューターの画像はリアルに見えるのか』（梅津信幸著、NTT出版）を読んでいただくとして、たとえば2時間のフルHD動画は、「ふくらませる」、つまり再生すると1344GB、1TBを優に超えています。しかし実際に記録されているのは、「たったの」数G

B。数百分の1に「折りたたまれて」いるわけです。

しかし、その数GBの動画ファイルも、再生するプログラムがなければただの0と1の羅列にすぎません。「火垂るの墓」という5文字が、コンピューターにとってはわずか40個の0と1の集まりであるように。

そう考えると、**1冊の本を楽しめるというのは実はとんでもないこと**なのではないかと思いませんか? 本という「起爆剤」を「怪我をしないように」、あなた自身が「爆発」させながら再生するためには、相当量の「爆薬」も必要になりますし、しかもただ量をそろえてもダメで、それを正しい位置に置かなくてはならない。

こう考えると、いかに「本が読める」ことが、文字通りの意味で「有り難い」のか、そして「本を著《あらわ》せる」ことがさらに有り難いのか、改めて実感しています。この本が、そんな「本を読む」という「難事」の一助になったのであれば、これ以上の喜びはありません。

Dan the Author

小飼弾　こがい・だん

1969年生まれ。ブロガー、プログラマー、投資家。中卒(カリフォルニア大学バークレー校中退)。オン・ザ・エッヂ(後のライブドア)のCTO(取締役最高技術責任者)を務めた。現在、ディーエイエヌ有限会社代表取締役。2004年に開始したブログ「404 Blog Not Found」は月間100万ページビューを誇る。著書『小飼弾の「仕組み」進化論』(日本実業出版社)、『空気を読むな、本を読め。小飼弾の頭が強くなる読書法』(イースト・プレス)、『新書がベスト』(ベストセラーズ)などがある

本《ほん》を読《よ》んだら、自分《じぶん》を読《よ》め

年間1,000,000ページを血肉にする“読自”の技術

2013年2月28日　第1刷発行
2013年3月30日　第2刷発行

著者　小飼弾

発行者　市川裕一
発行所　朝日新聞出版
〒104-8011
東京都中央区築地5-3-2
電話　03-5541-8832(編集)
03-5540-7793(販売)

印刷製本　日経印刷株式会社

ISBN978-4-02-251052-5

定価はカバーに表示してあります。
落丁・乱丁の場合は弊社業務部(電話03-5540-7800)へご連絡ください。
送料弊社負担にてお取り替えいたします。